KB117192

다윈가

플라톤가

Welcome to

지식인 마을

새싹마을

촘스키가

아크로폴리스

아고라

아인슈타인가

입구

지식인마을06

장자&노자

道에
딴지 걸기

지식인마을 06 道에 딴지 걸기
장자 & 노자

저자_ 박영욱

1판 1쇄 발행_ 2006. 11. 20.
2판 1쇄 발행_ 2013. 4. 11.
2판 8쇄 발행_ 2020. 5. 26.

발행처_ 김영사
발행인_ 고세규

등록번호_ 제406-2003-036호
등록일자_ 1979. 5. 17.

경기도 파주시 문발로 197(문발동) 우편번호 10881
마케팅부 031)955-3100, 편집부 031)955-3200, 팩스 031)955-3111

값은 뒤표지에 있습니다.
ISBN 978-89-349-2126-4 04150
        978-89-349-2136-3 (세트)

홈페이지_ www.gimmyoung.com   블로그_ blog.naver.com/gybook
페이스북_ facebook.com/gybooks   이메일_ bestbook@gimmyoung.com

좋은 독자가 좋은 책을 만듭니다.
김영사는 독자 여러분의 의견에 항상 귀 기울이고 있습니다.

지식인마을06

장자 & 노자

莊子 & 老子

道에 딴지 걸기

강신주 지음

김영사

길을 찾으려고 하지 마라

저는 장자라는 중국의 철학자를 무척 좋아합니다. 제가 장자를 좋아하는 이유는 그가 너무나 매력적이고 유쾌한 사상가였기 때문입니다. 지금도 저를 알고 있는 사람들은 제가 다른 주제로 글을 써도 항상 너무 장자적이라고 논평하곤 합니다. 저의 사유에 장자는 이미 떼어내려 해도 뗄 수 없는 일부분으로 들어왔다는 증거겠지요. 저는 지금도 그의 자유로운 정신, 날카로운 통찰력, 그리고 가난한 사람들에 대한 한없는 애정을 부러워합니다.

그런데 장자와 가까워지면 가까워질수록 저는 노자와 멀어지는 기이한 경험을 하게 되었습니다. 이것은 제게 아찔한 경험이기도 하였습니다. 그전까지 모든 학자들, 연구서들, 심지어 교과서에서도 장자는 노자를 계승한 사상가라고 말했기 때문입니다. 그러나 장자를 가슴 깊이 느끼면서 저는 장자를 일체의 편견으로부터 구해야겠다고 생각했습니다. 장자에 대해 애정이 그만큼 깊었기 때문이기도 하지만, 또한 기존의 권위나 일반적 여론이 제가 옳다고 느끼는 것과 서로 다르다고 해서 제 의견을 숨길 수 없었기 때문입니다.

노자와 장자는 다릅니다. 그리고 두 사상가의 차이는 단순히 표면적인 것이 아니라 근본적인 것입니다. 보통 노자와 장자는 도가 사상가라고 불리지요. 도(道)라는 개념을 강조했던 사상가들이라는 뜻이겠지요. 그러나 '도가 만물을 낳는다'고 주장한 사상가와 '우리가 걸어가야만 도가 만들어진다'고 주장한 사상가가 어떻게 같을 수 있겠습니까?

학생들에게 강의하면서 저는 항상 말합니다. 도(道), 즉 길을 찾으려고 하지 말라고 말이죠. 길은 우리가 걸어가야만 완성되는 것이기 때문입니다. 이미 있는 길을 찾아서 그 길을 걸어가려고 한다면, 우리는 우리 자신의 삶을 산다고 할 수 없습니다. 우리는 남의 삶을 대신 살고 있는 것에 지나지 않기 때문이죠. 이제 왜 제가 노자를 의심의 눈초리로, 장자를 애정 어린 마음으로 읽는지 이해되시죠?

강 신 주

〈지식인마을〉시리즈는…

〈지식인마을〉은 인문·사회·과학 분야에서 뛰어난 업적을 남긴 동서양대표 지식인 100인의 사상을 독창적으로 엮은 통합적 지식교양서이다. 100명의 지식인이 한 마을에 살고 있다는 가정 하에 동서고금을 가로지르는 지식인들의 대립·계승·영향 관계를 일목요연하게 볼 수 있도록 구성했으며, 분야별·시대별로 4개의 거리를 구성하여 해당 분야에 대한 지식의 지평을 넓히는 데 도움이 되도록 했다.

〈지식인마을〉의 거리

플라톤가 플라톤, 공자, 뒤르켐, 프로이트 같이 모든 지식의 뿌리가 되는 대사상가들의 거리이다.

다윈가 고대 자연철학자들과 근대 생물학자들의 거리로, 모든 과학 사상이 시작된 곳이다.

촘스키가 촘스키, 베냐민, 하이데거, 푸코 등 현대사회를 살아가는 인간에 대한 새로운 시각을 제시한 지식인의 거리이다.

아인슈타인가 아인슈타인, 에디슨, 쿤, 포퍼 등 21세기를 과학의 세대로 만든 이들의 거리이다.

이 책의 구성은

〈지식인마을〉 시리즈의 각 권은 인류 지성사를 이끌었던 위대한 질문을 중심으로 서로 대립하거나 영향을 미친 두 명의 지식인이 주인공으로 등장한다. 그리고 다음과 같은 구성 아래 그들의 치열한 논쟁을 폭넓고 깊이 있게 다룸으로써 더 많은 지식의 네트워크를 보여주고 있다.

초대 각 권마다 등장하는 두 명이 주인공이 보내는 초대장. 두 지식인의 사상적 배경과 책의 핵심 논제가 제시된다.

만남 독자들을 더욱 깊은 지식의 세계로 이끌고 갈 만남의 장. 두 주인공의 사상과 업적이 어떻게 이루어졌으며, 그들이 진정 하고 싶었던 말은 무엇이었는지 알아본다.

대화 시공을 초월한 지식인들의 가상대화. 사마천과 노자, 장자가 직접 인터뷰를 하고 부르디외와 함께 시위 현장에 나가기도 하면서, 치열한 고민의 과정을 직접 들어본다.

이슈 과거 지식인의 문제의식은 곧 현재의 이슈. 과거의 지식이 현재의 문제를 해결하는 데 어떻게 적용될 수 있는지 살펴본다.

이 시리즈에서 저자들이 펼쳐놓은 지식의 지형도는 대략적일 뿐이다. 〈지식인마을〉에서 위대한 지식인들을 만나, 그들과 대화하고, 오늘의 이슈에 대해 토론하며 새로운 지식의 지형도를 그려나가기를 바란다.

지식인마을 책임기획 장대익
서울대학교 자유전공학부 교수

Contents 이 책의 내용

Chapter
3 대화

사마천의 폭탄선언, 그 이후 · 140
노자와 장자 그리고 사마천의 가상 토론회

Chapter
4 이슈

莊子

Chapter 1

✉ 초대
INVITATION

老子

노자와 장자에 대한
선입견을 버리자

여러분은 길을 가다가 이런 황당한 경험을 해본 적이 있는가? 어떤 사람이 다가와서 넌지시 말을 건넨다.

"도道를 아십니까?"

무엇인가 신비스러운 비밀을 전해주려는 것처럼 그 사람은 눈을 반짝이며 묻는다. 이럴 때 우리는 흔히 도道의 철학자라고 하는 인물, 즉 노장老莊이라고 불리는 두 사상가를 떠올린다. 노장은 바로 노자老子와 장자莊子라는 춘추전국시대春秋戰國時代 사상가 두 사람을 함께 일컫는 말이다. 언젠가부터 공자孔子와 맹자孟子를 아울러 공맹孔孟이라고 하였듯이, 노자와 장자도 노장이라고 해왔다. 그만큼 노자와 장자는 친숙한 이름이다. 우리는 흔히 동양철학을 공맹으로 대표되는 유가儒家 사상과 노장으로 대표되는 도가道家 사상으로 나누어 이해한다.

생태주의의 원조는 노장 사상?

유가 사상이 사회에 관심을 두었다면 도가 사상은 자연에 관심을 두었다. 유가 사상이 엄격한 예절에 관심을 두었다면 도가 사상은 예술적인 자유에 관심을 두었다. 한마디로 유가 사상이 우리의 삶을 규제하려는 것처럼 느껴진다면, 도가 사상은 그런 규제에서 벗어난 자유로움을 전해주는 것처럼 느껴진다.

어떤 학자들은 유가 사상을 '유위有爲'의 철학, 도가 사상을 '무위無爲'의 철학이라고 한다. 그래서인지 방송에서 가끔 도시를 떠나 농촌이나 산속으로 들어가 자연을 벗 삼아 무위의 삶을 사는 사람들을 소개하기도 한다. 그리고 그들의 입에서는 노자와 장자라는 말이 흘러나온다. 수염을 멋있게 기른 한 남자가 텔레비전에서 한 말이 아직도 잊히지 않는다.

공해문제나 환경문제 같은 여러 문제는 자신의 생활방식을 바꾸어야만 해결할 수 있습니다. 제 집을 깨끗하게 청소해서 그 쓰레기를 담 너머로 던져버린다면, 공해문제나 환경문제가 해결될 수 있겠습니까? 이제 우리는 그 옛날의 노자와 장자가 말한 것처럼 모두 자연과 하나라는 생각을 해야 합니다. 그래서 마침내 자연과 이웃이 되고, 하찮아 보이는 생명체라도 자기 몸 대하듯이 한다면 모든 문제가 해결될 것입니다.

생태계와 환경문제를 언급하는 사람들 중에는 도가 사상을 인용하는 사람들이 많다. 또한 그들에게서 지금 우리에게 필요한 교훈을 얻으려 한다. 노자와 장자가 말한 무위와 도의 길이 오늘날 우리 사회에 만연한 병폐를 없애는 데 중요한 구실을 할 것이라는 말이다. 여러 언론 보도나 수많은 책을 보면 도가 사상에 대한 현대인의 호감과 관심을 쉽게 확인할 수 있다. 도가 사상을 좋아하며 따르는 사람들, 즉 도인道人의 이야기가 정말 맞다면, 노자와 장자는 환경과 생태문제를 우리보다 앞서 알아차린 대단한 사람들이라고 할 수 있다. 이들이 강조했듯이 사람과 자연이 하나가 되는 삶을 영위한다면, 지금 우리 삶을 위협하는 많은 문제는 근본적으로 해결될 것이기 때문이다. 여기서 다음과 같은 궁금증이 생긴다.

"노자와 장자는 대체 어느 시대에 산 인물일까? 그 시대를 어떻게 살다 간 사람들일까?"

노자와 장자는 춘추전국시대라는 엄청난 혼란기를 살다 간 사상가들이다. 춘추전국시대는 상당히 혼란스러운 시대였다. 또한 중국 역사뿐 아니라 인류 역사에서 철학과 학문이 가장 왕성하게 발전한 시대이기도 했다. 그래서 이 시대의 사상가들은 오늘날까

지도 '제자백가諸子百家'라는 좀 과장된 이름으로 불린다. '여러 선생님과 백 개나 되는 학파'라는 뜻인 '제자백가'에게는 한 가지 공통점이 있다. 그들에게는 자신들이 겪고 있는 갈등과 살육의 시대를 어떻게 평화와 조화의 시대로 만들 것인지에 대한 사회적 관심과 고뇌가 있었다. 그렇다면 이렇게 폭력과 살육이 난무하는 시대에 살면서 노자와 장자가 어떻게 자연과 조화라는 평화로운 이상향을 꿈꾸고 주장할 수 있었을까? 노자와 장자는 정말 현재 우리 시대에 있는 모든 문제를 해결해줄 수 있는 만능열쇠와 같은 철학자일까? 아니면 그들은 단지 자신들이 살았던 춘추전국시대라는 시대적 한계 안에서 사유한 철학자일 뿐일까?

사람과 자연이 하나가 되는 것, 그것이 도다. 수천 년 전 노자와 장자가 이미 설파한 진리니라.

노자와 장자에 대한 편견을 버리자

노자의 철학이 담겨 있는 《노자老子》에 맨 처음 주석을 붙인 사람이 바로 한비자[*] 韓非子, BC 280?~BC 233라는 사실이 무척 흥미롭다. 바로 이 점이 현재의 우리가 노자를 이해하는 방식에 오류가 있을 수도 있다는 의심이 들게 한다. 유가 사상보다 더 강하게 유위를 내세운 한비자가 어떻게 무위의 사상가인 노자 철학을 긍정적으로 해석할 수 있었을까? 한비자도 과연 자연과 합일할 것을 강조하였을까? 그 해답이 궁금하다면 노자의 이야기를 직접 들어보자. 다음은《노자》 제11장에 나오는 유명한 구절이다.

> 학문을 하는 자는 날마다 더하고, 도道를 하는 자는 날마다 덜어낸다. 덜고 덜어내어 마침내 무위에 이르게 된다. 무위하면 하지 못할 것이 없다. 장차 천하를 취하려고 한다면 항상 무사無事로 해야 한다. 일이 있게 되면 천하를 취하기에 충분하지 않을 것이다.

:: 한비자

중국 고대의 법가 철학자. 진나라를 건국한 진시황이 자신의 통치원리로 삼았던 법가 사상을 총괄했다. 통치자의 품성이 아니라 통치자가 지닌 권력이 국가의 핵심이라고 보았다. 그리고 그 권력이 발현되는 틀로서 법을 강조했다.

노자의 생각을 읽어보니 그가 권하는 무위나 무사는 사람이 인위적 욕심을 버리고 자연과 합일하는 생활태도를 일컫는 것이 아님을 알 수 있다. 오히려 무위와 무사는 천하天下, 즉 '하늘 아래 모든 사람'을 지배하려는 황제에게 권고하던 통치방법이었다. 노자가 무위를 강조하는 이유는 그것이 하지 못할 것 없는 만능의 힘을 통치자에게 줄 수 있다는 확신 때문이었다. '무위하면 하지 못할 것이 없다', 즉 '무위이무불위無爲而無不爲'다. 여기서 우리가 주목해야 할 것은 노자가 '하지 못할 것이 없는 상태' 즉 '무불위無不爲'의 상태를 목적으로 하고 있다는 점이다. 천하를 통일하려고 각축을 벌이고 있던 당시의 군주들이 원했던 것은 다름 아닌 '천하를 취하는 것'이었다. 바로 이 때 노자는 '무위'라는 특효약을 군주들에게 제안했던 것이다. 결국 노자의 무위란 단순히 유위라는 인위적인 노력에 반대해서 자연과 합일을 꿈꾸는 것이 아니었다. 그는 유위라는 인위적 노력으로는 모든 것에 성공할 수는 없다는 것, 그리고 모든 것을 뜻대로 달성하기 위해서는 반드시 무위라는 태도를 가지고 있어야 한다는 점을 지적하고 있다. 그렇다면 소박하게 자연과 벗 삼아 살면서 나무의 싹이나 이름 모를 꽃, 새와 더불어 대화하려는 이 시대의 도인들과는 달라도 너무 다른 모습으로 노자는 우리에게 다가온다. 노자가 통치자인 군주를 위해 글을 썼다고 하더라도, 장자만은 우리를 배신하지 않고 자연과 합일을 꿈꾼 철학자가 아니었을까? 이제 기대를 가지고 장자의 이야기를 《장자莊子》〈산목山木〉편에서 들어보자.

장주(장자의 본명)莊周가 조릉雕陵의 울타리 안에서 노닐고 있을 때, 날개폭이 일곱 자이고 눈 크기가 한 치나 되는 이상한 까치가 남쪽에서 날아온 것을 보았다. 그 까치는 장주의 이마를 스치고 지나가 밤나무 숲에 앉았다. 장주가 말하였다.

"이 새는 무슨 새인가? 그렇게 큰 날개를 가지고 있으면서도 날아가지 못하고, 그렇게 큰 눈을 가지고 있으면서도 (나를) 보지 못하는구나."

장주는 자신의 치마를 걷어올린 채 걸음을 재촉하고는 석궁을 들어 그 새를 겨냥하였다. 그때 그는 매미를 한 마리 보았다. 매미는 방금 시원한 그늘을 발견해서 그 자신[其身]을 잊고 있었다. 나뭇잎 뒤에 숨어 있던 사마귀 한 마리가 (자신이 얻을) 이익 때문에 자신의 존재가 드러났다는 사실을 잊고 매미를 낚아챘다. (장주가 잡기 위해 석궁으로 겨냥하고 있던) 이상한 까치도 (자신이 얻을) 이익 때문에 자신의 생명을 잊고 사마귀를 잡으려 하고 있었다.

장주가 소스라치게 놀라면서 말하였다.

"아! 사물은 본질적으로 서로 관련되어 있고, 한 종류가 다른 종류를 부르는구나!"

아니나 다를까, 장주가 석궁을 던지고 숲에서 달려 나왔을 때, 사냥터지기가 그에게 욕을 하면서 달려왔다.

장주는 집으로 돌아와서 석 달 동안 밖으로 나오지 않았다. 그러자 인저藺且가 물었다.

"선생님께서는 요사이 왜 밖으로 나오지 않으십니까?"

그러자 장주가 대답하였다.

"지금까지 나는 밖으로 드러나는 것만을 지켰지 나 자신을 잊고 있었다. 나는 흐린 물로 비추어 보았을 뿐 맑은 연못에 대해서는 알지 못하였다. 게다가 나는 이미 '다른 풍속에 들어가서는 그곳에서 통용되는 규칙을 따르라'고 선생님께서 말씀하시는 것을 들은 적이 있다. 얼마 전 내가 조릉에서 놀고 있을 때, 나는 나 자신을 잊었다. 이상한 까치가 내 이마를 스치고 날아갈 때 나는 밤나무 숲을 헤매면서 내 생명을 잊었고, 밤나무 숲의 사냥터지기는 나를 죄를 지은 사람으로 여겼다. 이것이 내가 밖으로 나오지 못하는 이유다."

　이 글은 장자가 제자인 인저와 나눈 대화편에 있는 내용이다. 여기서는 장자의 철학적 문제의식이 무엇인지 분명하게 알려준다. 이 대화편에서는 장자가 자연과 합일하는 일 같은 전원적이고 목가적인 세계관을 결코 가지고 있지 않았다는 것을 확인할 수 있다. 오히려 그는 맑은 연못 같은 마음을 가져야 한다는 것과 풍속이 다른 곳에 들어가면 그곳의 규칙을 따라야 한다는 통찰을 조릉이라는 사냥터에서 깨달았다. 이처럼 우리의 기대와는 달리 장자는 사회를 벗어나서 자연과 합일하기는커녕, 오히려 사람이 어떻게 하면 다양한 사회 상황에서 갈등과 대립 없이 삶을 영위할 수 있는지 고민했다.

　《노자》와 《장자》를 한두 구절씩만 읽어보아도, 노자와 장자의 사상이 우리가 생각하는 것과 매우 다르다는 사실을 쉽게 확인할 수 있다. 노자와 장자는 춘추전국시대라는 혼란스러운 시대 상황에서 나름대로 사유를 전개했지만 서로 다른 점이 많았다.

　앞에서 살펴보았듯이, 두 사람은 관심 분야도 확연히 다르다. 노자는 무엇보다 국가와 통치자에 자신의 관심을 집중했다. 그는 제국을 소유하려면 통치자가 무위의 방법을 사용해야 한다고 설파했다. 반면에 장자는 험난한 시대를 사는 개인을 위해서 사유를 전개했다. 장자는 같은 시대 사람들에게 연못물 같은 맑은 마음, 즉 선입견이 전혀 없는 마음을 가지고 살아야 한다고 설파했다. 그렇게 해야만 풍속이 다른 공동체에 가서도 그 공동체의 규칙에 따라 살 수 있다고 생각했기 때문이다.

노자와 장자를 어떻게 읽을까?

노자와 장자의 사상은 철학적 관심사뿐만 아니라 문체도 확실히 다르다. 《노자》는 철학시라는 독특한 형식을 사용해 간결한 문체로 노자의 사상을 기록하고 있다. 반면 장자의 사상을 담고 있는 《장자》는 짧은 이야기들로 이루어진 철학서다. 이런 문체상의 차이는 많은 것을 일러준다. 《노자》는 시를 통해 형이상학적인 내용을 전달한다. 이는 노자가 문자를 잘 아는 통치자나 통치 계층을 위해 글을 썼다는 것을 의미한다. 《장자》는 누구나 공감할 수 있는 흥미진진한 우화로 구성되어 있다. 이는 장자가 일반인을 위해 글을 썼다는 것을 말해준다. 그래서 그런지 《노자》의 철학시 81장은 아주 짧은데도 몇 구절을 제외하고는 거의 사람들의 입에 오르내리지 않았다. 하지만 《장자》의 우화들은 그렇지 않다. 보통 사람도 '대붕이라는 큰 새 이야기', '장자의 나비 꿈 이야기', '조삼모사 이야기', '포정해우 이야기' 같은 것들을 잘 기억하고 있다.

이 책에서는 장자의 사상을 먼저 다루고, 그 다음에 노자의 사상을 다루려고 한다. 전통적인 견해에 의하면 노자를 먼저 다루고 그 다음 장자를 다루는 것이 순서일 것이다. 그렇지만 장자와 노자는 그 관심사나 해법에서도 상당히 다른 사상가였기 때문에, 반드시 전통적인 순서를 따를 이유는 없다고 생각한다. 오히려 장자를 먼저 보고 그 다음 노자를 읽으면, 두 사상가의 개성과 차이점이 분명해지는 효과를 얻을 수 있을 것이다. 그렇다면 우선 장자의 사상은 어떻게 읽어야 할까?

우리는 조릉에서 장자가 터득한 깨달음으로부터 벌써 그 실마리를 찾을 수 있다. 이 사냥터에서 그가 얻은 철학적 통찰을 두 가지로 정리할 수 있다. 첫째, 우리의 삶은 타자와 밀접하게 관련될 수밖에 없다. 둘째, 타자와 적절히 관계를 맺는 일은 맑은 연못처럼 마음이 맑아야만 가능하다.

첫 번째 깨달음은 인간이 태어날 때부터 가지고 있는 삶의 유한성有限性에 대한 통찰이다. 유한에 대한 지각은 기본적으로 자신의 외부에 타자가 존재한다는 자각과 같은 것이다. 반면에 두 번째 깨달음이 뜻하는 것은 타자와의 소통은 마음을 통해 가능하다는 사실이다. 장자 철학의 핵심은 바로 타자와 소통하기 위해서 맑은 마음을 가져야 한다는 것이다. 그는 이 핵심 전언을 모든 우화들에 똑같이 적용했다. 그래서 여기서는 잘 알려진 세 가지 우화를 선택해 그 의미를 분석하면서, 장자의 사상을 이해해볼 것이다. 그럼으로써 우리는 장자의 개성과 그의 사상의 의미를 더욱 분명하게 파악할 수 있을 것이다.

노자의 사상은 또 어떻게 읽어야 할까? 전국시대의 많은 사상가들은 앞을 다투어 '천하'를 통일할 수 있는 방법을 제시했다. 그중 중요한 사상가 집단으로 유가와 법가를 들 수 있다. 유가는 사랑과 온정을 제시했고, 법가는 당근과 채찍을 제시했다. 그러나 아쉽게도 유가는 국가를 단순히 가족의 확장으로만 생각했다. 결국 유가는 국가가 지닌 고유한 논리를 제대로 사유하지 못했고, 결국 전국시대에는 큰 영향을 미칠 수 없었다.

반면 유가와 달리 국가의 고유한 작동 원리를 정확하게 파악한 법가는 천하를 통일할 수 있는 유력한 사상가 집단으로 성장했다. 그러나 법가의 사상은 천하를 통일시키는 이론적인 힘으로 작용했지만, 통일된 천하를 안정적이고 지속적으로 통치할 수 있는 이론을 제공하는 데는 실패했다. 그래서 유명한 진시황秦始皇의 진秦왕조는 2대 만에 단명하게 되었던 것이다.

이런 상황에서 법가의 실패까지도 예견하며 나타난 사상가가 바로 노자다. 노자는 무력으로 무장한 국가가 전국시대의 혼란을 끝낼 수는 있지만, 결코 그것만으로 통일된 제국을 유지할 수 없을 것이라고 예언했다. 그렇다면 노자가 제안한 방법은 무엇일까? 노자의 사상은 유가·법가와 어떤 차이가 있을까? 이런 의문을 가지고 노자를 읽으면, 우리는 전국시대를 호흡했던 노자의 진짜 생각을 어렵지 않게 이해할 수 있을 것이다.

Chapter 2

莊子

만남

MEETING

老子

소통의 철학자,
장자

장자莊子, BC 369~289는 '성심成心'이라는 편견을 문제 삼은 철학자라고 알려져 있다. 그래서 먼저 '구성된 마음'이라는 의미의 성심이 무슨 뜻인지 알아보려 한다. 보통 연구자들은 성심을 선입견이나 편견의 의미로 이해한다. 그러나 성심과 관련한 장자의 진단을 이렇게 간단히 이해할 수는 없다. 장자가 모든 성심을 부정했다면, 그는 우리에게 어떤 관점이나 주장도 가져서는 안 된다고 권고하는 셈이다. 그러나 이것이 어떻게 가능할 수 있을까? 장자가 성심을 문제 삼는 이유는 따로 있다. 특정한 성심이 모든 사태를 판단하고 평가하는 데 절대적인 기준, 즉 프로이트Sigmund Freud, 1856~1939가 말한 것처럼 초자아˙superego가 될 수 있는 위험이 있기 때문이다.

예를 들어보자. 우리는 한국에서 태어나서 한국의 공동체 규칙을 배우면서 자라났다. 한마디로 우리는 한국의 공동체 규칙에 따라 구성된 마음으로 성심을 가지고 있다. 그래서 아주 자연스럽게 김치를 먹고, 마늘을 먹고, 한국어를 쓰며, 어른을 공경하고 부모에게 효도하며 산다. 이것이 바로 성심의 작용이다. 그러나 우리가 미국이라는 다른 공동체로 간다면 어떻게 될까? 평화로운 어느 날 미국 중산층 가정의 정원에서 아버지의 머리를 툭툭 치는 미국 어린이를 보았다고 하자. 이것은 미국이라는 공동체에서는 아무 문제가 되지 않지만, 우리는 그 아이를 버릇없고 예의 없는 놈이라고 평가하게 된다. 이런 평가가 가능한 것은 우리가 자신의 성심을 절대적 기준으로 삼고 사태를 평가하기 때문이다.

특정한 공동체에 태어나 그 속에서 살아가기 위해서 내면화된 성심은 그 공동체에서 살 때는 거의 의식하지 못한다. 우리는 아주 자연스럽게 부모를 공경하고, 김치를 먹는다. 그런데 우리가 다른 공동체에 가거나 다른 공동체에 속한 사람과 만났을 때, 문제가 생긴다. 이때 우리에게는 두 가지의 선택이 가능하다. 하나는 성심을 특정한 공동체의 흔적이라고 깨닫는 것이고, 다른 하나는 성심을 초자아로 삼아 타자를 평가하고 재단하는 것이다. 전자는 아무 문제도 일으키지 않지만, 후자는 심각한 문제를 일으킬 수 있다. 타자가 나보다 약하면 나는 타자에게 지울 수 없는 상처를 안길 것이고, 타자가 나보다 강하다면 나는 타자에

:: 초자아

정신분석학에 따르면 인간의 자아를 검열하고 검색하는 초자아는 기본적으로 내면화된 '아버지의 이미지'에서 기원한다. 아버지는 아이와는 달리 기본적으로 사회화가 끝난 존재라는 점에서, 자아를 검열하는 초자아는 달리 말하면 아버지를 통해서 내면화된 사회 규범이라 할 수 있을 것이다.

게 상처를 받을 수밖에 없기 때문이다. 먼저《장자莊子》*〈소요유
逍遙遊〉편에 나오는 재미있는 이야기를 읽어보자.

> 송나라 사람이 '장보'라는 모자를 밑천 삼아 월나라로 장사를 갔지
> 만, 월나라 사람들은 머리를 짧게 깎고 문신을 하고 있어서 그런 모자
> 가 필요하지 않았다.

송나라 사람이 살았던 삶의 문맥을 송이라고 하고, 그가 모자
를 팔려고 갔지만 모자를 쓸 필요가 없는 월나라 삶의 문맥을 월
이라고 해보자. 삶의 문맥이 지닌 구체성과 고유성은 우리 삶이
몸을 통해 타자의 삶과 얽히는 데서 기인한다. 특정 삶의 문맥인
송에서 살았던 사람이 다른 삶의 문맥인 월로 장사하러 가게 된
메커니즘을 다시 구성해보자.

송나라 사람은 자신의 삶의 문맥에서 구성된 마음[成心]을 가지
고 있었을 뿐 월나라 삶의 문맥이
지닌 구체성은 보지 않았다. 오히려
월의 구체적 삶의 문맥이 마치 송의
구체적 삶의 문맥을 연장한 것처럼
판단했기에 월이라는 삶의 문맥으
로 장사하러 갈 수 있었던 것이다.

그렇다면 송나라 사람이 월이라
는 구체적 삶의 문맥으로 몸을 이끌
고 들어간다면 어떤 일이 벌어질
까? 그는 성심에 따라 구성된 월과

∷∷ 《장자》의 판본에 대해
흔히 볼 수 있는 《장자》의 판본은 곽상(郭象,
252~312)이 편집한 것으로, 총 33편으로 이
루어져 있다. 이 33편은 〈내편〉, 〈외편〉, 〈잡
편〉으로 묶여 있는데, 〈내편〉은 7편, 〈외편〉
은 15편, 〈잡편〉은 11편으로 되어 있다. 옛
날이나 지금의 학자들은 이 가운데 〈내편〉
만이 장자의 사상을 비교적 완전하게 담고
있고, 〈외편〉과 〈잡편〉은 장자의 후학의 사
상을 담고 있다고 본다.

직접 삶으로 얽히게 된 월 사이의 현격한 차이를 느낄 것이다. 그리고 이런 사태는 바로 '특정 삶의 문맥에서 구성된 마음'의 제한성을 자각하는 순간으로 이 사람을 이끌 것이다.

여기서 기존의 송이라는 삶의 문맥에서 구성된 이 사람의 마음은 결코 부정할 수 없는 자연스러운 것이라는 점에 주목할 필요가 있다. 장자는 이런 자연스러운 사태를 문제 삼지 않는다. 오히려 그가 문제 삼는 사태는 이렇다.

이 사람이 계속 특정 삶의 문맥에서 구성된 마음을 다른 삶의 문맥에서도 보편적인 척도나 기준으로 주장한다면 어떻게 될까? 이 사람의 삶은 아마도 다른 특정한 삶의 문맥과 긴장 관계에 놓일 것이다. 이런 긴장 관계는 그에게 삶과 인식의 긴장 관계로 드러날 것이다.

왜냐하면 몸을 가지고 살아가는 현재 자신의 삶이 다른 특정한 삶의 문맥에 처해 있는데도, 이 사람의 인식은 사실상 자신의 삶이 한때 깃들었고 그 속에서 살아가면서 구성된 마음에만 계속 근거를 두고 있기 때문이다.

여기서 중요한 점은 이런 경우에도 마음은 여전히 작동한다는 것이다. 그래서 송나라 사람도 월나라에 들어가자마자 자신의 구성된 마음을 자각한다. 자신이 유용하다고 생각한 모자가 월나라에서는 쓸모가 없다는 사실을 알아차렸다는 것은, 그가 자신의 구성된 마음이 보편적이지 않다는 사실을 자각했다는 것을 의미하기 때문이다.

실연한 남자의 편견

우리는 대개 선입견을 부정적인 것으로 생각한다. 선입견이 타자와의 소통을 방해한다는 점에서 부정적으로 작용하는 것은 사실이다. 그러나 우리가 놓치기 쉬운 것은 선입견을 피할 수 없을 때이다. 선입견이 없다면 어떤 것을 생각하거나 이해할 수조차 없을 것이다. 예를 들어 '사랑'에 대한 선입견이 없다면 〈러브스토리〉라는 영화를 보아도 전혀 이해할 수 없게 될 것이다. 선입견은 기본적으로 일종의 '선先이해'이자 '선先판단'이라고 할 수 있다. 앞에서 살펴본 송나라 사람도 이런 선입견이 없었다면 월나라로 장사하러 갈 생각조차 못했을 것이다.

철학적 해석학의 대표 주자인 가다머[*]Hans-Georg Gadamer, 1900~2002는 선입견을 철학적으로 긍정한 대표적인 철학자다. 그에 따르면 선입견은 구체적인 현재의 판단에 앞서서 선행하는 의식, 무의식적인 전제 일반을 의미한다. 나아가 그는 선입견에 따라 이해한 내용은 인간의 인식·판단·행동의 근본적인 지평을 형성한다고까지 주장한다.

가다머의 유명한 개념 '지평 융합 fusion of horizons'도 바로 이런 선입견에 대한 이해에서 출발했다. 첫사랑에 실패한 어떤 남자를 예로 들어보자. 그가 사랑하던 여성은 그에게 너무나 냉정하고 도도했으며 한 번도 진

:: 가다머

현대 독일의 대표적인 철학자다. 마르부르크대학에서 철학을 공부하면서 당시 강사로 근무하던 하이데거를 만나서 가르침을 받았다. 철학적 해석학을 통해서, 이해하는 것과 역사 사이의 연관성에 대해 흥미진진한 사유를 많이 보여주었다. 그의 주저로는 《진리와 방법》이 있다.

지하게 마음을 열지 않았다. 그는 그 여성의 마음을 열기 위해서 무척 노력했지만 뜻대로 되지 않았다. 그는 지쳐갔고 정신적으로 피폐해졌다. 그리고 마침내 그 여성의 절교 선언을 무기력하게 받아들일 수밖에 없었다. 이제 실연한 이 남자에게는 여성과 사랑에 대한 선입견과 지평이 남게 되었다.

시간이 한참 흘러서 이 남자에게 또다시 사랑하는 여성이 생겼다. 이 남자는 과거에 겪은 선입견을 가지고 새로운 여성을 만날 수밖에 없다. 새로 만난 여성은 이전의 여성과는 딴판이었다. 그녀는 활기차고 정이 많으며 속내를 솔직하게 밝히는 밝은 사람이었다. 새로운 사랑에 빠지면서 그에게는 과연 어떤 일이 벌어질까?

첫째, 새로운 지평은 이전의 지평에 따라 다양하게 해석된다. 그냥 아무 뜻 없이 그녀가 말수가 적어진 것을 보고 그는 무엇인가 숨기는 것이 있지 않은지 의심할 수도 있다. 물론 이런 의심이 드는 것은 과거에 형성된 그의 선입견 때문이다. 둘째, 이전의 지평은 새로운 지평과 융합되고 수정된다. 새로 만난 그녀를 통해서 그의 선입견이 지닌 일면성과 특수성은 수정될 것이고 새로운 지평으로 통합되고 포섭될 것이기 때문이다.

가다머의 철학적 해석학에서 긍정적으로 이해된 선입견은 장자의 성심成心을 이해하는 열쇠가 된다. 그러나 장자는 성심을 긍정적인 이해 지평으로 해석하지는 않는다. 가다머에 따르면 선입견은 새로운 선입견과 융합되면서 수정되고 보완된다. 그러나 장자에게 이전의 성심은 새로운 삶의 사태에서 새로운 성심을 구성하기 위해 제거해야 하는 것으로 사유된다. 가다머에 따르면 새롭게 융합된 지평이 아무리 새롭다고 해도 과거의 지평이 핵심적인 지위를 가지고 있다. 극단적으로 말하면 과거의 지평이나 선입견은 끊임없이 새로운 지평과 융합하면서 성장한다. 여기에 가다머의 낙관주의가 있다.

그러나 장자에게는 이미 구성된 성심과 앞으로 만날 타자에 맞게 구성되어야 할 성심 사이에 인식론적인 단절이 있다. 왜냐하면 과거의 성심을 만들 때 근거가 된 타자와 앞으로 구성될 성심을 만들어낼 타자는 완전히 다르기 때문이다.

결론적으로 과거의 지평(선입견)을 수정, 보완해야 한다는 가다머의 주장을 주체 중심적인 발상이라고 할 수 있다. 왜냐하면 주체는 새롭게 만날 타자에 대해서 근본적인 연속성을 유지할 수 있기 때문이다. 반면에 과거의 성심을 철저하게 폐기해야 한다는 장자의 주장은 타자 중심적인 발상이라고 할 수 있다. 왜냐하면 주체의 연속성은 새롭게 만날 타자에 따라 근본적으로 다시 구성되어야 하기 때문이다.

삶을 옹호하는 장자

이제 성심에 대한 장자의 생각을 직접 들어보자. 〈제물론齊物論〉편에서 장자는 다음과 같이 이야기했다.

구성된 마음[成心]을 따라 그것을 스승으로 삼는다면(기준으로 삼는다면), 그 누군들 스승이 없겠는가? 어찌 반드시 변화를 알아 마음으로 스스로 판단하는 자에게만 구성된 마음이 있겠는가? 우매한 보통 사람에게도 이런 사람과 마찬가지로 구성된 마음이 있다. 아직 마음에서 구성된 것이 없는데도 옳고 그름을 따지는 마음이 있다는 것은, 마치 '오늘 월나라에 갔는데, 어제 도착하였다'는 궤변같이 터무니없는 이야기다.

'구성된 마음을 스승으로 삼는다'는 것은 이것을 초자아로 내면화한다는 말과 같다. 이렇게 되면 우리가 만난 타자는 하나의 겉면으로 보이는 판단의 대상이 되고 만다. 몸은 이미 새로운 삶의 문맥에 진입했는데도 고착된 자의식은 이런 새로운 삶의 문맥이 주는 분명한 긴장을 임시로 풀어버리려고 한다.

고착된 자의식은 새로운 삶을 똑바로 보기보다는 기존의 삶의 문맥에서 이루어진 성심을 내면으로 정립한다. 이것이 바로 장자가 '성심을 스승으로 삼는다[師成心]'라고 지적할 때 '스승으로 삼다' 또는 '절대적 기준으로 삼다[師]'로 말하려고 했던 것이다. 결국 성심이 없다면 고착된 자의식은 불가능해지고, 고착된 자의식이 작동한다면 이것은 이미 성심이 작동한다는 것을 함축한다.

장자에 따르면 몸을 가지고 사는 인간은 항상 어떤 특정한 삶의 문맥에 처해 살아가는 존재다. 이 말은 인간이라면 누구나 특정한 삶의 문맥에 처해 살아가며, 그 문맥과 소통하는 데 근거하는 구성된 마음을 지닐 수밖에 없음을 의미한다.

그렇다면 완성된 사람[至人]이나 평범한 사람[愚人]이나 모두 성심을 가지고 있다고 보아야 한다. 마치 때가 낀 거울이나 맑은 거울이나 항상 무언가 비추듯이 말이다. 다만 완성된 사람은 타자와 얽히는 특정한 삶의 문맥에서 구성된 마음을 다른 삶의 문맥에 폭력적으로 적용하지 않고, 다른 삶의 문맥에서도 타자와 소통하기 위한 허심(비운 마음)虛心을 지니고 있다는 점이 다를 뿐이다.

완성된 사람의 마음 상태를 이렇게 거울에 비유했는데, 전통적으로 중국에서 거울과 물은 이상적인 마음 상태를 상징하는 비유로 쓰였다. 명경지수明鏡止水! 여기서 거울은 지금 자신이 비추는 상을 절대적인 상으로 여기는 마음을 비유한다. 거울은 양귀비 같은 아름다운 여자와 만나면 미녀의 상을 갖게 되고, 못생긴 여자와 만나면 추녀의 상을 갖게 된다. 그렇지만 거울은 추녀를 만났다고 해서 그녀를 외면하지는 않는다. 이와 마찬가지로 완성된 사람도 미녀와 만나면 미녀와 어울리는 의식을 구성하고, 추녀와 만나면 미녀와 어울렸던 의식을 비우고虛 추녀와 어울리는 새로운 의식을 구성한다.

반면에 보통 사람이나 사변적 지식인은 미녀와 만나서 생긴 의식을 보편적인 기준으로 삼아 추녀와 만날 때도 적용한다. 그래서 이들은 추녀를 아름답지 않다면서 외면한다. 이것이 바로 그들의 고착된 자의식이 작동하는 방식이다.

결국 그들은 현재에 살고 있는 것처럼 보여도 사실은 과거에 살고 있는 것이다. 이와 달리 완성된 사람에게는 자기가 만난 타자의 타자성에 근거해서 역동적이고 임시적으로 자신의 자의식을 구성할 수 있는 역량이 있다. 이 점에서 그의 자의식은 고착된 것이 아니라 임시적이며 유동적이다. 왜냐하면 미래에 다른 타자와 만난다면, 그는 그 타자에 따라 자신의 자의식을 다시 새롭게 구성할 수 있기 때문이다. 다시 말해 완성된 사람[至人]은 삶이나 사유 모두에서 항상 현재를 살아간다.

여기서 우리는 '아직 마음에서 구성된 것이 없는데도 옳고 그름을 따지는 마음이 있다는 것은 …… 터무니없는 이야기다'라는 구절을 새롭게 읽을 필요가 있다. 이 구절은 '옳고 그름을 따지는 마음이 들면 특정 삶의 문맥에서 구성된 마음[成心]이 다른 삶의 문맥에 폭력적으로 적용된다'라는 주장을 함축한다. 그러나 '구성된 마음이 곧 옳고 그름을 따지는 마음이다'라는 주장을 함축하지는 않는다.

물론 성심이 문제되는 맥락이 항상 옳고 그름을 따지는 마음과 관계있기 때문에, 많은 연구자들이 '구성된 마음＝옳고 그름을 따지는 마음[是非之心]'이라고 보는 것도 한편으로는 이해가 된다. 그러나 장자 철학의 핵심 문제가 유한한 삶이 무한한 사변적 인식을 따르는 위기 상황에 있었고, 장자가 삶을 옹호하는[養生・達生] 철학자였다는 사실을 기억하자. 그러면 장자가 어떤 특정 삶의 문맥에서 구성된 마음[成心] 자체를 옳고 그름을 따지는 마음으로 간주해서 부정했다고 보는 것은 지나친 해석이 된다는 사실을 알 수 있을 것이다.

예기치 못한 타자와 만나다

장자가 문제 삼고 제거하려는 것은 성심 그 자체가 아니었다. 그는 '옳고 그름을 따지는 마음을 작동시키는 성심을 절대적 표준으로 삼는 사태'를 문제 삼는다. 장자는 고착된 자의식과 무관한 성심은 부정하지 않는다. 오히려 그가 부정하려는 것은 '특정한 성심을 표준으로 삼는 고착된 자의식'이라고 해야 할 것이다. 왜냐하면 고착된 자의식과 무관한 성심, 즉 임시적 자의식을 가능하게 하는 성심은 인간의 유한성에 기인하는 자연사적인 사실이기 때문이다.

결국 성심은 고착된 자의식과 필연적 관계를 지니지만, 고착된 자의식과 무관한 성심도 가능하다는 점이 중요하다. 자의식에는 고착된 자의식과 아울러 임시적 자의식도 있기 때문이다. 장자는 결코 임시적 자의식과 관련된 성심을 부정하지 않았다. 뒤에서 보겠지만, 허심虛心이 이것을 가능하게 한다.

장자에 따르면 과거의 삶의 문맥에서 구성된 마음은 현재 내 삶이 깃들어 있는 새로운 삶의 문맥과 충돌하고 긴장하면서 나에게 드러난다. 성심에 대한 경험은 새로운 삶의 문맥의 도래에서 오는 부득이*不得己의 느낌과 같이 온다는 것이다. 여기서 부득이라는 말은 자신으로 환원 불가능한 타자와 만나는 사태를 의미한다. 이런 부득이의 경험은 기존 삶의 문맥에서 구성된[成] 편안함[安]의 좌절을 의미한다.

장자의 탁월한 점은 바로 여기에 있다. 장자는 바로 이런 부득이에 대한 경험에서 사변적 인식의 탄생을 엿보았다. 기존의 삶의 문맥에서 구성된 마음이 새로운 삶의 문맥이 도래하면서 의식되는 지점, 즉 기존의 삶의 문맥과 도래한 삶의 문맥이 마주치는 경계선상, 그 부득이의 분

:: 부득이

부득이라는 개념은 '~할 수 없다'라는 뜻의 '부득(不得)'과 '멈추다'라는 뜻의 '이(己)'로 구성되어 있다. 따라서 멈추려고 해도 멈출 수 없다는 의미이다. 예를 들어 얼음판에서 미끄러질 때, 미끄러지지 않으려고 해도 미끄러질 수밖에 없는 사태가 '부득이'한 사태라고 할 수 있다.

위기에서 인식이 탄생하는 것이다. 인식은 이런 부득이의 긴장을 내외 분리로 미봉하려고 한다. 새롭게 도래한 삶의 문맥을 저 것[彼, 他] 또는 외면으로, 이전의 삶의 문맥에서 이루어진 성심을 이것[是] 또는 내면으로 삼는 것을 통해 새로운 인식이 구성된다. 이렇게 인식이 구성되면서 성심은 내면으로 또는 고착된 자의식의 근거로 전환된다.

그러나 아무리 인식이 성심을 고착된 자의식의 근거로 전환하고, 새로운 삶의 문맥을 외면으로 간주한다고 해도, 우리는 이미 새로운 삶의 문맥에 처해 살아갈 수밖에 없고, 우리 마음은 새로운 삶과 소통할 수밖에 없다. 그렇기 때문에 우리는 부득이를 경험하는 것이다.

여기서 우리는 고착된 자의식이라는 표현과 임시적 자의식이라는 표현을 명확히 해두어야 한다. 물[水]의 비유로 임시적 자의식과 고착된 자의식의 차이를 이해해보자. 유동적인 물이 있다고하자. 이 물은 네모난 그릇에 담기면 네모나게 드러나고, 세모난 그릇에 담기면 세모나게 드러난다. 여기서 유동적인 물이 비운 마음[虛心]을 상징한다면, 서로 다른 그릇을 만나서 규정된 모양을 띠는 세모난 물과 네모난 물은 임시적 자의식을 상징한다.

반면에 세모난 그릇에 담긴 물이 언 경우를 생각해보자. 세모난 얼음을 그릇에서 빼어내도 얼음은 세모 모양을 유지한다. 세모난 얼음은 고착된 자의식을 상징한다. 이 세모난 얼음은 세모남을 자기의 동일성으로 착각하지만, 사실 이 세모남은 자신의 동일성이 아니라 과거 소통의 흔적이 고착된 결과일 뿐이다. 이 비유가 의미하는 바는 세모난 얼음이 네모난 그릇을 만났을 때 이 얼음

임시적 자의식을 갖고 있다는 것은
이 물처럼 유동적으로 어떤 그릇에나
담길 수 있다는 말이야.

은 그릇과 결코 소통할 수 없다는 데 있다. 그 결과는 세모난 얼음
이 깨지든가 네모난 그릇이 부서지든가 둘 중 하나다.

　이처럼 장자에게는 두 종류의 자의식이 전제되어 있다. 첫째
는 그가 부정적인 것으로 보아 제거하려고 한 것으로서, 과거 의
식을 자의식의 기준으로 집착하는 고착된 자의식이다. 둘째는
인간이 사회에서 산다는 피할 수 없는 사실에서 유래하는 임시

적 자의식이다. 임시적 자의식은 구체적인 사태마다 새롭게 구성되는 자의식이다.

고착된 자의식은 모든 사태에 대해 과거 의식의 동일성을 유지하려고 한다. 장자가 권하는 임시적 자의식은 새로운 타자가 올 때마다 그 타자와 소통하면서 새롭게 구성된다. 물론 임시적 자의식의 이런 임시성이 가능한 이유는 유동적인 마음, 즉 허심을 가지고 있기 때문이다. 임시적 자의식은 타자의 타자성을 포용하려는 경향으로 작동한다. 따라서 임시적 자의식의 임시성은 기본적으로 타자의 복수성plurality과 다양성diversity으로 이해할 수 있다.

예민한 사람은 어떤 종류의 자의식이든 그것이 자의식이라면, 그것은 기본적으로 자기의식, 즉 자신에 대한 의식이라는 점을 기억할 것이다. 또 어떤 사람은 임시적 자의식도 기본적으로는 고착된 자의식과 같은 것이 아니냐고 질문할 수도 있다. 이것은 옳은 질문이다. 또한 반드시 해명해야 할 중요한 물음이기도 하다. 이런 물음에 답하기 위해서, 즉 임시적 자의식의 고유성을 정당화하기 위해서도 역시 타자를 도입해야 한다. 임시적 자의식이 지니고 있는 임시성은 기본적으로 타자의 타자성에 기인하기 때문이다. 반면에 고착된 자의식은 기본적으로 타자가 지닌 고유성과 단독성을 부정하는 데서 성립한다.

가만히 돌아보면 우리는 늘 임시적 자의식을 구성하고 해체하고 다시 구성하면서 살아가는 존재다. 어떤 여자나 남자를 만나서 사랑하게 되면 사람은 조금씩 변한다. 이것은 무슨 의미인가? 이것은 우리가 기본적으로 타자를 향해 열려 있는 존재이고, 타자와 소통하면서 만들어지는 존재라는 말이다. 앞으로 우리는 전혀 예기치 못한 타자나 사건과 만날 것이다. 그리고 그런 타자와 소통하면서 유동성을 충분히 확보하고 있다면 우리는 점차 변해갈 것이다.

새를 죽인 노나라 임금

한 가지 분명히 해둘 것이 있다. 장자가 권하는 타자와의 소통은 합리적 이성에 근거한 대화와 토론 그리고 그 결과로 이루어지는 동의나 일치와는 다르다는 점이다. 왜냐하면 장자가 문제 삼는 소통은, 존재론적으로 인간이 지닌 마음[心]의 역량에 기초한다는 점에서, 의사소통을 넘어서는 존재론적 활동을 의미하기 때문이다.

이와 달리 합리적 이성에 근거한 의사소통은 이미 합리적 이성을 전제해야 할 수 있는 소통이다. 그런데 합리적 이성은 보편적 이성이 아니라 서구적 이성일 뿐이다. 결국 의사소통의 논의에는 이미 다른 문명권의 사람, 교육받지 못한 사람, 독창적인 예술가, 어린아이, 환자, 새, 꽃, 나아가 새로 태어날 인간 등이 배제되어 있다.

그렇다면 합리적 이성에 근거한 의사소통이라는 합의와 동의 절차는 장자에게는 허구에 지나지 않는 것이다. 왜냐하면 여기에는 이미 합리성이 무엇인지에 대한 일종의 선이해가 전제되어 있기 때문이다. 나와 타자 사이에 합리성에 대한 내포와 외연이 다르다면 어떻게 될까? 합리적 이성에 근거한 소통은 처음부터 이루어질 수 없을 것이다.

구체적인 예를 한두 가지 생각해보자. 한국어를 쓰는 내가 영어를 쓰는 미국으로 갔다고 해보자. 이럴 때 나는 어떻게 소통해야 할까? 물론 인간에게 있는 가장 공통적인 행동 양식으로 의사표현을 할 수도 있다. 그러나 이것에는 한계가 있다. 미국에서 그들과 소통하기 위해서는 무엇보다도 먼저 그들의 언어 규칙을 배워야만 한다. 어른과 어린아이 가운데 왜 어린아이가 외국어를 더 빨리 배울까? 자기 나라에서 형성된 선이해 또는 이해 지평을 없애는 데 어린아이가 더 유리하기 때문이다. 이처럼 외국에 나갈 때는 이미 형성된 선이해라는 지평이 소통에 도움을 주기보다는 오히려 장애가 된다.

또 다른 예를 생각해보자. 수영 교과서를 여러 권 읽은 사람이 있다고 하자. 이 사람이 수영을 어린아이보다 더 잘 배울 수 있을까? 결코 그렇지 않다. 수영을 배우려고 물과 소통할 때, 수영 교과서는 오히려 물과 소통하는 것을 방해한다. 하지만 어린아이는 직접 물에 뛰어들어 자신을 물의 운동과 흐름에 맞추어 조절한다. 물과 소통한다는 것은 내가 물속에서 수영한다는 것이지, 수영 교과서가 수영하는 것은 아니다. 달리 생각하면 수영 교과서도 누군가가 물과 소통한 뒤 쓴 것이다. 이처럼 가장 근본적인 의미에서 소통은 항상 매개 없이 이루어진다. 이런 무매개적이라는 성질을 함축하지 않는다면, 소통은 이름뿐인 허구적 소통일 뿐이다.

이렇게 우리 삶은 항상 타자와의 무매개적인 소통을 전제로 영위되고, 오직 이런 무매개적인 소통을 통해서만 변화되어 생성될 수 있다. 그래서 우리는 소통을 인식론적으로 이해해서는 안 된다. 무엇보다 먼저 삶이 이루어지는 실존적 사태로 소통을 이해해야 한다. 타자와 소통함으로써 지금 나 자신으로 만들어지고, 앞으로도 전혀 생각지 못한 타자와 만나고 소통함으로써 전혀 생각지 못한 나로 생성될 것이기 때문이다. 결국 소통의 긍정은 공존과 공생의 긍정과 연결되고, 비움[虛]으로 상징되는 깨어남[覺]은 이런 본래적 존재 양식으로의 복귀를 의미한다.

지금까지 논의한 장자의 사상을 점검해보기 위해,《장자》〈지락至樂〉편에 실려 있는 우화를 읽어보자.

> 너는 들어보지 못하였느냐? 옛날 바닷새가 노나라 서울 밖에 날아와 앉았다. 노나라 임금은 이 새를 친히 종묘 안으로 데리고 와 술을 권하고, 구소의 음악을 연주해주고, 소와 돼지, 양을 잡아 대접하였다. 그러나 새는 어리둥절해 하고 슬퍼할 뿐, 고기도 한 점 먹지 않고 술도 한 잔 마시지 않은 채 사흘 만에 죽고 말았다. 이것은 자기와 같은 사람을 기르는 방법으로 새를 기른 것이지, 새를 기르는 방법으로 새를 기르지 않은 것이다.

다시 정리해보자. 노나라에 새 한 마리가 날아들었다. 노나라 임금은 그 새를 몹시 사랑해서, 마치 큰 나라에서 온 사신처럼 대접하였다. 술도 권하고, 맛있는 고기도 주고, 음악도 들려주면서 자신의 애정을 새에게 아낌없이 쏟았다. 그러나 새는 슬퍼하면서 아무것도 먹지 않더니 사흘 만에 죽고 말았다.

노나라 임금은 새를 결코 사랑하지 않았던 것은 아니다. 하지

만 임금은 새라는 타자를 자기의 고착된 자의식으로 바라보았다. 그에게 있어 새는 새가 아니라 사람과 다름없었던 것이다. 사람에게 하는 것처럼 새를 대접했으니 새가 어찌 죽지 않을 수 있으랴!

장자는 노나라 임금이 새를 기르는 방법으로 새를 기른 것[以鳥養養鳥]이 아니라, 자기와 같은 사람을 기르는 방법으로 새를 길렀다[以己養養鳥]고 논평했다. 여기서 새를 기르는 방법으로 새를 기른다는 것은 내 마음이 새와 소통했음을 전제로 한다. 즉 이것은 소통을 통해서 새로 상징되는 타자와 어울리는 새로운 임시적 자의식을 구성했다는 것을 의미한다.

그렇다면 장자는 자기와 같은 사람을 기르는 방법[己養]을 부정한 것일까? 문제는 그렇게 간단하지 않다. 노나라 임금이 자신의 백성을 새를 기르는 방법으로 기른다면 이것 또한 고착된 자의식에 근거한 것이다. 노나라 임금이 새를 만나기 전에 자신과 같은 사람을 기르는 방법은 아무 문제를 일으키지 않았다. 그는 사람과 소통하면서 삶의 문맥을 형성했고, 이런 문맥에 근거해서 구성된 마음[成心]을 이루었다. 오히려 그가 사람을 새를 기르는 방법[鳥養]으로 길렀다면 또 다른 문제가 생겼을 것이다. 그의 사람을 기르는 방법이 문제가 되는 지점은 사람과는 전혀 다른 새가 나타났을 때뿐이다. 이 순간에 그는 새를 타자성에 근거한 타자로 만나지 않고 자신의 고착된 자의식에 근거해서 인식했다. 그래서 사람을 기르는 방법으로 새를 기르게 되었던 것이다.

자식과 갈등하는 한 엄마를 생각해보자. 전에는 열심히 공부하던 아들이 요즘은 학교에 갔다 오면 공부는 하지 않고 음악을 들거나 기타를 치면서 시간을 보낸다. 보다 못한 엄마가 말한다.

"애야! 우리 진지하게 얘기해보자. 너 요새 무슨 고민이 있니?"

"엄마. 저 공부해서 대학 가기보다는 음악을 하고 싶어요."

대부분의 다른 엄마들이 그렇듯 이 엄마도 '이 녀석이 공부하기 싫으니까 저러는구나'라고 판단할 것이고, 그 결과 엄마와 자식 사이의 갈등도 더 깊어질 것이다. 그런데 이 갈등의 실제적 원인은 아들에게 있기보다 고착된 자의식에 근거한 엄마의 판단에 있다.

갈등을 해소하려면 엄마는 무엇보다 먼저 아들의 마음을 있는 그대로 읽어야 한다. 왜냐하면 아들은 공부가 하기 싫어서 음악을 하려는 것이 아니라 음악을 하려고 공부를 하지 않는 것일 수도 있기 때문이다.

이처럼 타자를 고착된 자의식에 근거한 인식의 대상으로 삼으면, 타자와 공생하는 삶은 결국 파괴되고 만다. 따라서 타자성에 근거해 타자와 소통한다는 것은, 주체가 타자를 삶의 짝으로 받아들이면서 그의 이야기에 귀를 기울인다는 말이다.

내가 나비인가?
나비가 나인가?

**우리는 송나라
상인보다 현명할까?**
《장자》〈내편〉은 대붕大鵬 이야기를 소개
하는 〈소요유〉편으로 시작한다. 《장자》의
문학적 과장법과 철학의 거대함에 휩쓸리다 보면, 마치 대붕의
날개에 올라탄 듯한 현기증을 느끼게 된다. 그만큼 《장자》의 문
체는 겉만 보면 거창하고 화려해 보인다. 그러나 이런 현기증을
견디며 〈소요유〉편을 끈기 있게 읽어보라. 앞에서 이미 논의한
허탈할 정도로 단순하고 평범한 단편을 발견할 수 있다.

송나라 사람이 '장보'라는 모자를 밑천 삼아 월나라로 장사를 갔지
만, 월나라 사람들은 머리를 짧게 깎고 문신을 하고 있어서 모자가 필
요하지 않았다.

사실에 대한 보고에 가까운 이 글은 〈소요유〉편이나 〈내편〉의

나머지 여섯 편에 나오는 어렵고 기이한 구절에 비하면 매우 평범하다. 그래서 쉽게 읽고 지나치며 결국 그것이 있었는지조차 잊고 만다. 여기서 《장자》의 비범한 문체를 살펴보자.

혹시 이 구절의 평범함은 오히려 더 심오한 수준의 비범함을 숨기고 있는 것은 아닐까? 대붕의 날개에 올라 까마득한 하늘을 비행하는 현기증에 적응해야만 비로소 땅에 발을 디디는 것이 오히려 더 낯설어지는 경험을 할 수 있다. 그렇다면 우리가 심각하게 생각해야 할 과제는 바로 이런 것이다. 장자는 과연 어떤 교훈을 주려고 이런 단순한 단편을 만들었을까? 이 짤막한 글의 평범함이 주는 비범함은 과연 무엇일까?

위 글을 읽고 나면 우리는 송나라 상인이 매우 어리석다는 첫인상을 받게 될 것이다. 송나라는 춘추시대에 번성했지만 장자가 살던 전국시대에는 쇠퇴한 문명국가였다. 따라서 그곳에서는 모자 같은 예복이 가치가 있었다. 그러나 월나라는 사정이 전혀 달랐다. 월나라는 춘추시대 말에 이르러서야 중국 역사에 나타난 신흥국가이다. 그러니 그전에는 거의 야만 상태의 국가였다. 월나라 사람은 아직도 추장 시대의 야만적 풍습을 유지하고 있었다. 송나라 상인은 이런 사정을 모르고 그곳으로 모자를 팔러 간 것이다. 그러니 송나라 상인이 어리석은 사람처럼 보일 수밖에 없다. 그렇다면 어리석은 송나라 상인을 통해서 장자가 말하려 한 것은 무엇일까?

아마도 다음과 같은 대답이 먼저 머리에 떠오를 것이다. '사람은 식견이 넓어야 한다.' '사람은 어리석기 쉽다.' 그러나 바로 이와 같은 이유들 때문에 이 단편은 쉽게 잊혀졌다. 그런 와중에 장자가 하려고 한 중요한 말 역시 미궁 속으로 함께 사라졌다. 장자가 정말 하고 싶어한 이야기를 2,000년이 지난 지금 되살릴 방법이 있을까?

분명히 있다. 장자의 감춰진 의도를 찾아내기 위해 다음과 같이 되물어볼 수 있다. '송나라 상인이 어리석다'는 첫인상을 갖게 된 순간, 오히려 장자가 정말 하려는 말을 찾을 수 없게 된 것이 아닐까? 어쩌면 우리는 아예 첫 단추부터 잘못 꿴 것이 아닐까?

어디에서 이런 착오가 생겼을까? 그것은 송나라 상인이 어리석다는 무의식적인 평가를 수행한 바로 그 순간에 생겼다. 장자의 말을 생각하기도 전에 벌써 이 단편에 대한 해석을 끝낸 것이다. 모자를 쓰는 송나라의 상황에서부터 머리를 짧게 자르는 월나라의 상황에 이르기까지 경과를 단숨에 읽으면, 송나라와 월나라의 사정을 훤히 알게 된다. 송나라의 사정만 아는 어리석은 상인에 비해, 송나라와 월나라의 사정을 모두 아는 여러분의 이해는 '신神적인 이해'에 가깝다.

그런데 오직 이러한 신적인 시선 속에서만, 송나라 상인은 우물 안 개구리처럼 어리석고 식견이 좁은 사람으로 보인다. 이런 상황에서 장자가 우리에게 하려 한 말을 추론해볼 수 있다. 장자는 우리가 제한적인 시선이 아닌 포괄적인 시선, 유한한 시선이 아닌 신적인 시선을 갖고 살아야 한다고 말하고 싶었을 것이다.

그러나 이 글에서 장자가 하려 한 말을 이해하려면 자신이 송나라 상인이 되어 아주 천천히, 여러 번 글을 다시 읽어야 한다. 장사꾼으로서 여러분이 월나라로 가려고 한 이유는 무엇인가? 월나라에서도 모자를 쓸 것이라고 생각했기 때문에 이런저런 궁리 끝에 마침내 억만장자가 될 기대를 잔뜩 하며 월나라로 들어 갔을 것이다. 그런데 이게 웬일? 월나라는 송나라와 달라도 너 무 다르지 않은가? 월나라에서 사회적 위상을 나타내는 것은 모 자 같은 예복이 아니라 화려한 문신이었다.

따라서 이곳에서 모자는 아무런 쓸모가 없다. 이제 우리는 상 인이면서 동시에 상인이 될 수 없게 되었다. 모자를 팔려고 했다 는 점에서는 상인일 수 있다. 그러나 모자를 살 사람이 아무도 없다는 점에서는 상인일 수 없다. 따라서 우리는 월나라 저잣거 리에서 모자 꾸러미를 든 채 아찔한 현기증을 느끼며 멍하니 서 있을 수밖에 없다. 이제 어떻게 해야 하지?

아찔한 현기증은 바로 우리 자신의 자아 동일성이 무너질 때 의 강렬한 느낌이다. 상인이면서 동시에 상인이 아닐 때 오는 분 열감, 이것은 바로 차이를 경험했기 때문에 느끼는 현기증이다. 인간의 사유는 동일성의 논리를 무기로 차이를 부정하려 하지 만, 결국 이러한 차이는 삶의 세계에 유령처럼 돌아다니다 우리 에게 달려든다.

그렇다면 송나라 상인이 어리석다고 본 것은 참으로 큰 오해 가 아닐 수 없다. 그는 우리가 타자성에 노출되어 있을 수밖에 없다는 사실을 명백하게 상징하고 있기 때문이다. 그는 차이 속 에 머물며 아찔함에 직면한 사람이다.

송나라와 월나라의 차이! 자신이 생각한 월나라와 실제로 경험 한 월나라의 차이! 사유와 삶의 차이! 동일성과 타자성의 차이! 그러니 송나라 상인을 어리석다고만 생각한 우리는 얼마나 바보 스러운가! 이 짧은 글에서 장자는 타자성과 차이의 진리를 말하려고 했다. 그런데 우리는 그가 하려는 말을 반대로 읽어냈다.

신적인 시선은 차이를 느끼는 시선과는 완전히 다른 동일성의 시선에 속한다. 그런데 우리의 이 신적인 시선이야말로 송나라 상인이 경험한 타자성과 차이를 깨닫지 못하게 한다. 동시에 장자가 우리에게 말하려고 한 전언에 귀를 닫게 만든다. 이것은 '무지에 대한 의지' 또는 타자성과 차이를 억압하고 꿈속에 계속 머물려는 '퇴행적인 의지'라고 할 수 있다. 지금 장자는 어디선가 송나라 상인을 어리석다고 비웃는 우리를 조롱하고 있을지도 모른다. 지금까지 우리는 어떤 면에서는 송나라 상인보다 훨씬 더 어리석었던 것은 아닐까?

조삼모사에 화낸 원숭이

우리는 특정한 공동체에서 살 수밖에 없다. 따라서 특정한 자의식을 가질 수밖에 없다. 그러나 타자와 만나면, 자의식의 동일성은 흔들리고 무너진다. 이 점이 '송나라 상인' 이야기에서 장자가 우리에게 하려고 한 말이다. 송나라 상인의 강렬한 경험에서부터 다음과 같은 두 가지 철학적 테마를 읽어낼 수 있다. 송나라 상인은 송나라와 전혀 다른 타인인 월나라를 경험하는데, 이것을 '타자성의 테마'라고 해보자. 그리고 이 송나라 사람이 월나라에 들어가서 체험한 상인이면서 동시에 상인이 아닌 듯한 아찔한 느낌, 즉 자신의 동일성이 무너지는 경험을 '판단 중지*'의 테마'라고 해보자.

〈제물론〉편에 나오는 논증은 모두 '타자성의 테마'와 '판단 중지의 테마'를 오가면서 구성된다. 장자는 이 두 가지 테마의 분리 불가능성을 '양행*兩行'이라고 규정한다. 이 두 가지 테마는 반드시 함께 적용되어야 한다는 의미다. 장자는 양행을 설명하기 위해서 새로운 에피소드를 하나 더 만들었다. 이것이 그 유명한 조삼모사朝三暮四 이야기다.

> 원숭이 키우는 사람[狙公]이 원숭이에게 도토리를 주면서, "아침에 셋, 저녁에 넷을 주겠다"라고 하였다. 원숭이들이 모두 화를 냈다. 그러자 그 사람은 "그러면 아침에 넷, 저녁에 셋을 주겠다"라고 하자 원숭이들이 모두 기뻐했다. 명목이나 실질에 아무런 차이가 없는데도 원숭이들은 화를 내다가 기뻐했다. (그 원숭이 키우는 사람도) 있는 그대로 따랐을[因是] 뿐이다. 그러므로 성인은 옳고 그름(을 자유롭게 사용함)으로써 대립을 조화시키고, 자연스러운 가지런함[天鈞]에 편안해한다. 이를 일러 양행兩行이라고 한다.

'원숭이 키우는 사람'이 도토리를 '아침에 세 톨, 저녁에 네 톨朝三暮四' 주겠다고 하자 원숭이들은 몹시 화를 냈다. 원숭이가 분노하게 하려고 이 사람이 '아침에 세 톨, 저녁에 네 톨' 준다고 하였을까? 분명 그렇

∷ 판단 중지

'정지', '판단 유보'를 나타내는 그리스어 '에포케(epoche)'에서 유래한 것이다. 사태에 대한 자신의 처지와 견해가 참이 아닐 수도 있다고 보고 판단을 중지하는 것이 바로 판단 중지이다. 이런 판단 중지를 통해서 사태의 움직임을 더욱 집중하여 볼 수 있게 된다.

∷ 양행

양행은 '두 방향으로 동시에 진행함'을 의미한다. 첫째 방향이 주체가 성심을 비워서 일종의 판단 중지 상태에 있는 것을 의미한다면, 둘째 방향은 이런 마음 상태로 주체가 타자와 소통하려는 것을 나타낸다.

지 않다. '원숭이 키우는 사람'은 잠자기 전에 도토리를 더 많이 (네 톨) 준다고 하면 원숭이들이 분명 기뻐하리라고 생각한 것뿐이다. 그러나 원숭이들은 고마워하면서 기뻐하기는커녕 오히려 화를 냈다. 이때 원숭이들의 노여움은 이 사람이 예측할 수 없었던 놀라운 사태, 즉 타자성의 사태를 나타낸다. 마치 모자를 팔려고 월나라에 들어가서 당혹스러워한 송나라 상인처럼, 원숭이 키우는 사람 역시 상당히 당혹스러웠을 것이다.

그런데 '송나라 상인' 이야기에는 모자를 들고 갔던 송나라 상인이 그 뒤 어떻게 되었는지 나타나 있지 않다. 그는 아무 소득도 없이 힘이 빠져 자신의 공동체인 송나라로 되돌아갔을까? 아니면 장사 밑천으로 가지고 간 송나라의 모자를 버리고 월나라에 적응해서 새롭게 장사를 시작했을까? 그 결말은 아무도 모른다.

그러나 '조삼모사' 이야기에는 타자성의 경험과 그에 따르는 자기 동일성이 무너지는 경험뿐 아니라, 그 뒤 우리가 어떤 식으로 타자성에 대응할지에 대한 구체적인 이야기가 함께 나온다. 원숭이 키우는 사람은 원숭이에게 '그렇다면 아침에 네 톨, 저녁에 세 톨' 주겠다고 제안한다. 이 제안은 원숭이를 기쁘게 만들었고 마침내 원숭이 키우는 사람 역시 좀 전의 당혹감에서 벗어나게 된다. 그러나 여기서 놓치지 말아야 할 중요한 사항이 있다. '아침에 네 톨, 저녁에 세 톨' 주겠다는 새로운 제안에 대해 어쩌면 원숭이가 다시 화를 낼 수도 있었다는 점이다.

새로 제안한 두 번째 방법 역시 실패했다면, '원숭이 키우는 사람'은 어떻게 했을까? 그는 원숭이들이 기뻐할 때까지 이런 종류의 다양한 제안을 계속 내놓아야 하지 않았을까? '아침에 네 톨,

저녁에 세 톨'이라는 새로운 제안을 내놓을 때 그의 마음 상태가 어떤 변화를 겪는지 재구성해보면 논의에 도움이 될 것이다.

처음에 이 사람은 '아침에 세 톨, 저녁에 네 톨'이라는 제안에 원숭이들이 기뻐할 것이라고 예상했다. 그러나 화내는 원숭이들을 타자로 경험하자마자, 이 사람은 '도대체 원숭이들의 마음을 알 수 없구나'라는 당혹감, 즉 일종의 '판단 중지' 상태에 빠진다. 이런 상태는 원숭이 키우는 사람의 자의식을 유동적인 것으로 만든다. 유동적인 자의식 상태는 그에게 '그렇다면 원숭이들이 원하는 것은 도대체 무엇일까? 어떻게 해야 그들의 마음을 기쁘게 할 수 있을까?'라고 고민하게 만든다.

결국 일반적인 이해와는 달리 '조삼모사' 이야기의 진정한 주인공은 원숭이 키우는 사람이 아니라 원숭이라고 할 수 있다. 오직 원숭이만이 원숭이 키우는 사람이 계속 내놓을 수밖에 없는 제안을 어느 순간에 끝낼 수 있기 때문이다.

'송나라 상인' 이야기에서 타자성은 월나라 관습의 낯섦을 통해 드러나는 반면에, '조삼모사' 이야기에서 타자성은 '아침에 세 톨, 저녁에 네 톨'이라는 제안을 거부하는 원숭이의 분노를 매개로 드러난다. 그러나 겉으로는 달라 보이는 두 사례에도 분명히 공통점이 있다. 타자성을 경험하는 순간, '송나라 상인'이든 '원숭이를 키우는 사람'이든 모두 일종의 심각한 현기증 상태, 일종의 무지 상태, 자의식의 동일성이 파괴되는 상태에 이르게 된다는 사실이다. '송나라 상인'이 자신이 상인이면서 동시에 상인이 아닌지 '알 수 없는' 지점에 이르렀다면, '원숭이 키우는 사람'은 원숭이가 무엇을 원하는지 '알 수 없는' 지점에 이르렀다.

'알 수 없다'는 경험 또는 실존
상태는 자신만의 판단을 중지하게
만들고, 타자의 소리에 귀를 기울
이라고 강제한다. 스스로 판단할
수 없으니, 이제 타자의 움직임에
따라 자신을 새롭게 조율할 수밖에
없다. 장자는 이것을 '인시因是'라
고 부른다.

원숭이 키우는 사람의 마음

'조삼모사' 이야기의 뒷부분에서 장자는
이 에피소드가 함축하고 있는 철학적 주
장을 명료하게 하기 위해서 '양행'이라는 개념을 도입한다.

그러므로 성인은 '옳고 그름'(을 자유롭게 사용함)으로써 대립을 조
화시키고, '천균天鈞'에 편안해한다. 이를 일러 '양행兩行'이라고
한다.

타자로 경험된 원숭이의 분노를 기쁨으로 바꾸기 위해서 '원
숭이 키우는 사람'은 원숭이에게 새로운 제안을 끊임없이 내놓을
수밖에 없다. 이때 이 사람에게 자의식이 전혀 없다고 할 수는

없다. 그는 고착된 자의식이 아니라 임시적 자의식을 가지고 있다. 이것이 바로 '옳고 그름(을 자유롭게 사용함)으로써 대립을 조화시킨다'는 표현의 의미다.

'원숭이 키우는 사람'의 처지에서 보면 원숭이에게 내놓을 자신의 제안은 모두 언뜻 '옳다[是]'는 판단에 따른 것이다. 그러나 이런 제안이 거부된다면, 그것은 결국 모두 '그른[非]' 것이 된다. 따라서 '원숭이 키우는 사람'이 옳다고 생각하는 제안을 끝없이 내놓기는 하지만, 마지막에 그 제안을 옳은 것으로 확증해주는 것은 원숭이들이라는 점이 중요하다.

반면에 좌절하지 않고 새로운 제안을 원숭이에게 되풀이해 내놓기 위해서, '원숭이 키우는 사람'은 끝없는 판단 중지 상태를 견뎌내야 한다. 그러나 평범한 인간이라면 이처럼 되풀이되는 제안이 늘 거부될 때 느끼는 당혹감을 감당할 수 있을까?

장자의 말대로 이것은 성인聖人, 즉 이상적인 인간에게나 가능한 일이다. 어쨌든 끊임없는 판단 중지의 상태, 즉 유동적인 자의식을 견뎌야 하는 불편한 상태에서 편안해질 수 있어야만 비로소 원숭이들과 소통할 수 있다. 장자가 '천균天鈞에서 편안해한다'는 표현으로 말하려 한 것이 바로 이것이다.

여기서 잠깐 '천균'이라는 어려운 개념의 의미를 살펴보자.

〈제물론〉편에서 '천균'은 '도추道樞'라고도 표현한다. 이 개념을 통해 '천균'이 어떤 상태를 가리키는지 살펴보자.

'저것'과 '이것'이 대립하지 않는 경우를 '도의 지도리[道樞]'라고 부른다. 한번 그 축이 '원의 중앙[環中]'에 서게 되면, 그것은 무한히 소통하게 된다.

:: 도추

천균(天鈞)이라는 개념과 같은 의미를 가진다. '추(樞)'라는 말은 '문을 열고 닫을 때 문을 지탱하는 지도리'를 말하고, '균(鈞)'은 '도자기를 만들 때 흙덩어리를 올려놓고 돌리는 물레'를 말한다. 이처럼 두 개념은 모두 '회전'이란 뉘앙스를 가지고 있다. '굳어 있는 지도리'나 '돌아가지 않는 물레'가 선입견을 가진 마음에 대한 비유라면, '부드러운 지도리'나 '원활히 돌아가는 물레'는 상황과 잘 대응하는 마음의 비유이다.

'저것[彼]'과 '이것[是]'이 대립하지 않는 것을 기호로 나타내면 '저것=이것'이라고 할 수 있다. '저것'과 '이것'의 관계를 장자의 경우 'A=−A'라고 표현할 수 있는데, 이 공식은 분명 모순이다. 따라서 'A=−A'라고 표현하는 상황에서는 모든 판단을 유보할 수밖에 없다. 그것은 'A'라는 것인가, '−A'라는 것인가? 이처럼 장자가 제안하는 '판단 중지'의 상태는 기존의 형식 논리로는 이해할 수 없다.

따라서 그것은 언어와 그에 따라 작동하는 사유의 분별 작용이 불가능해지는 공간이라고 할 수 있다. 형식 논리에 길들여져 있는 사람에게는 이 공간이 인정하기 힘든 불편한 곳이다. 장자는 이런 불편한 '판단 중지' 상태에 있을 때만 타자와 소통하는 삶의 공간을 창출할 수 있다고 생각했다.

도추의 상태는 이분법적 대립과 판단이 더 작동하지 않고 미루어지는 상태, 판단이 중지되는 상태를 말한다. 자신이 상인인지 아닌지 결정하지 못할 때 현기증을 느끼면서 '송나라 상인'이 경험한 것도 바로 이 상태다. 원숭이가 원하는 것이 무엇인지 알지 못해 당혹감을 느꼈던 '원숭이 키우는 사람'이 경험한 것 또한 바로 이 상태다.

결국 장자의 '양행' 논리는 '타자성의 테마'와 '판단 중지의 테마'에 대한 통찰 없이는 이해할 수 없다. '옳고 그름(을 자유롭게 사용함)으로써 대립을 조화시킨다'는 표현을 '타자성의 테마' 없이 이해할 수 없다면, '천균에 편안해한다'는 표현은 '판단 중지의 테마' 없이 이해할 수 없기 때문이다. 장자에게 이 두 가지 테마는 '둘이 함께 가는[兩行]' 것이다. '타자성'을 경험하면 일종의 '판단 중지' 상태에 이르고, 반대로 일종의 '판단 중지' 상태에 있으면 '타자성'을 경험할 수 있다. '양행' 논리가 중요한 것은 이 논리가 바로 장자가 권하는 심재*心齋나 좌망*坐忘의 수양론의 취지를 이해할 수 있는 열쇠이기 때문이다. 장자가 권하는 수양론은 타자와 소통하기 위해서 일종의 '판단 중지' 상태를 마음속에 확보하려는 것이지, 결코 어떤 초월적이며 신적인 실체와 합일하는 것을 목적으로 하지 않았다. 마음을 가지런히 하고 자신을 잊으려는 장자의 수양 방법이 초월적 대상과의 유사 신비적인pseudomystic 일체감을 지향한 것이라고 본다면, 그것은 장자의 진정한 전언을 전혀 이해하지 못한 것이다.

:: 심재와 좌망

'심재'는 《장자》 〈인간세(人間世)〉편에 나오고, '좌망'은 〈대종사(大宗師)〉편에 나온다. '심재'는 글자 그대로 '마음을 재계한다' '마음을 굶주리게 한다'는 의미이다. 즉 마음속에 있는 선입견을 없앤다는 것이다. '좌망'은 글자 그대로 '앉아서 잊는다'는 의미이다. 여기서 중요한 것은 '망(忘)'이라는 글자이다. 이 글자는 '없음'을 의미하는 '망(亡)'과 '마음'을 의미하는 '심(心)'으로 이루어져 있다. 그러므로 '망'이라는 글자는 심재와 마찬가지로 '마음속의 선입견을 없게 한다'는 의미로 이해할 수 있다.

나비 꿈으로 말하려 한 것

이제 드디어 〈제물론〉편을 결론짓는 '나비 꿈', 즉 '호접몽胡蝶夢' 이야기를 읽을 모든 준비가 끝났다. 먼저 이 아름다운 '나비 꿈' 이야기의 전문을 꼼꼼히 읽어보자.

옛날 장주가 꿈속에서 나비가 되었는데 훨훨 나는 나비였다. 유쾌하게 느껴졌지만 자신이 장주라는 것을 알지는 못하였다. 갑자기 깨어나서 보니 확실히 장주였다. 장주가 꿈속에서 나비가 된 것인지, 나비가 꿈속에서 장주가 된 것인지 알지 못하지만, 장주와 나비 사이에는 반드시 구분이 있을 것이니, 이것을 '물화物化'라고 한다.

'호접몽' 이야기는 나비 꿈을 꾸던 장자가 꿈에서 깨어나서 느낀 의식 상태를 기술한 것이다. '호접몽' 이야기에서 사람들은 '장주'와 '나비' 사이에 있는 드라마 같은 대조에 주목하면서, 이야기의 취지를 상대주의나 회의주의로 몰고 간다. '호접몽'을 이야기하면서 장자는 꿈을 꾸고 있는지 깨어 있는지 알 수 없다고 했다는 것이다.

그러나 '호접몽' 이야기는 우리를 근본적인 회의주의로 이끌고 가는 에피소드가 아니다. 이 이야기를 선입견 없이 읽다보면 장자가 결코 회의주의를 주장하지 않았다는 사실을 분명히 보여주는 구절이 눈에 들어올 것이다.

장주와 나비 사이에는 반드시 구분이 있다. 周與胡蝶 則必有分矣

'반드시 구분이 있다'라는 표현은 회의주의나 상대주의라는 규정을 이미 비판적으로 문제 삼고 있는 것이다.

그렇다면 '호접몽' 이야기에서 장자가 전하려고 한 교훈은 무엇일까? 또 이 이야기를 어떤 방식으로 읽어야 장자가 하려는 말을 확실하게 알 수 있을까? 이 문제를 해결하기 위해서는 장주와 나비의 관계에 시선을 고정하지 말고, 다음 두 가지 표현의 관계에 사유를 집중해야 한다.

> 장주가 꿈속에서 나비가 된 것인지,
> 나비가 꿈속에서 장주가 된 것인지 알지 못한다.
>
> 不知周之夢爲胡蝶·胡蝶之夢爲周與
>
> 장주와 나비 사이에는 반드시 구분이 있다.
>
> 周與胡蝶則必有分矣

아주 실감 나는 꿈을 꾸고 깨어났을 때, 도대체 내가 누구이며 어디에 있는지 당황스러울 때가 있다. 이 순간 당혹감의 정체는 자의식의 동일성이 무력화되어 자신의 정체성을 결정할 수 없게 되는 기이한 경험이다. '장주가 꿈속에서 나비가 된 것인지, 나비가 꿈속에서 장주가 된 것인지 알지 못한다'고 장자가 말했을 때 '알지 못한다[不知]'는 표현은 앞서 말한 '판단 중지' 상태에 대한 경험을 가리킨다. 이것은 내가 장주이면서도 동시에 나비여서 '장주=나비'로 표현되는 도추道樞나 천균天鈞에 대한 경험이라고 할 수 있다.

'판단 중지'에 대한 경험을 기술하고 곧바로 장자는 '장주와 나비 사이에는 반드시 구분이 있다'라고 말한다. 일종의 '판단 중지'를 경험하는 이 주체는 동시에 어느 시점에서는 장주여야 하고, 다른 어느 시점에는 분명 나비여야 한다. 그런데 여기서 이 주체가 장주도 되고 나비도 되는 두 시점은 결국 타자와 만나면서 결정되기 때문에 이것은 분명 '타자성의 테마'라고 할 수 있다. 아내가 '그만 일어나라'고 말할 때, 판단 중지의 주체는 장주가 되어야 한다. 또 아름다운 암나비가 유혹할 때, 장주는 나비가 되어야 한다.

그런데 문제는 단순히 나비인지 장주인지가 아니라, 나비여야 할 때 나비이지 못하고 장주여야 할 때 장주이지 못하다는 데 있다. '반드시 구분이 있다'는 테제는 바로 이런 문제 제기와 관련된 것이다. 아내가 부를 때 장주는 날개를 휘저으며 마치 자신이 나비인 양 날갯짓을 할 수도 있다. 또는 암나비가 유혹할 때 나비는 오히려 인간인 것처럼 인생에 대해 철학적 성찰을 할 수도 있다. 장자에게 이 두 상태는 '모두 구분이 있어야 하는데도 구분이 사라진 상태'라고 할 수 있다. 두 상태 모두 타자와 소통하기는커녕 일종의 착각에 빠진 것이다.

여기서 정말 중요한 것은 '호접몽' 이야기에서 장자가 말하려고 한 것이 나비가 되어도 좋고 장주가 되어도 좋다는 식의 예술적 경지나 체험과는 관계가 없다는 사실이다.

장자는 나비가 되어야 할 때 분명 나비가 되고 장주가 되어야 할 때 분명 장주가 될 수 있는 '생성의 긍정'에 대해 말했다. 여기서 생성의 긍정은 타자와 만남을 긍정하고 나아가 타자와 소통하여 주체 자신의 변형을 긍정하는 것이다.

　오직 타자와 관계를 맺음으로써 어느 때는 정말 장주일 수밖에 없고, 어느 때는 정말 나비일 수밖에 없는 상황이 온다. 이런 의미에서 볼 때 장주와 나비의 분명한 구분에는 타자와 우연히 만나는 일이 분명하게 인식되어 있다.

　타자와 더불어 봄이 된다[與物爲春].

　이 문장이 장자가 의도한 바로 그것이다. 여기서 봄春은 타자와 만나서 그에 맞게 자신을 새롭게 생성시키는 사태를 상징한다. 그런데 장주나 나비만 판단 중지의 주체가 된다고 오해해서는 안 된다. 그는 이전에 경험하지 못한 새로운 타자와 만나면, 장주도 나비도 아닌 제3의 무엇으로 생성될 것이기 때문이다.

　타자의 결에 따른 구분이 있어야 한다는 '타자성의 테마'를 설명한 뒤 장자는 이것을 '물화物化'라고 규정한다. '호접몽' 이야기 마지막에 나오는 장자의 '물화' 개념에 대해 학자들은 대부분 '사물(들)의 변화'로 해석한다. 이 해석이 과연 옳을까?

　그렇다면 장주와 나비 사이에는 반드시 구분이 있어야 하고, 이런 구분은 반드시 타자의 결에 따라 이루어진다는 지금까지의 해석은 지나친 것이었을까?

　'물화' 개념의 의미를 정확히 파악하기 위해서 〈즉양則陽〉편의 다음 구절을 하나 더 살펴보자.

　염상씨는 그 회전의 중심부를 얻어서 (타자에) 따라 자신을 완성하였기에, 타자와 함께 미래도 없었고 과거도 없었고 현재도 없었다. 순간마다 타자와 함께 변형되는 사람은 한 번도 변하지 않는 사람이어야 하니, 어찌 일찍이 이런 상태를 버린 적이 있었겠는가!

이 글은 앞에서 살펴본 '천균'이나 '도추'의 논의와 별로 다르지 않은 내용을 알려준다. 우리가 주목해야 할 것은 이 구절에 등장하는 '순간마다 타자와 함께 변형된다[日與物化]'는 표현이다. 곽상*郭象, 252?~312 이래로 지금까지 많은 연구자가 오해한 것처럼 '물화'는 결코 '사물의 변화'라는 형이상학적 전언이 아니다. 오히려 이 개념은 판단 중지의 주체가 타자와 일치하게 대응하면서 변형되고 생성되는 사태를 의미한다. 즉 이 개념은, 우리가 타자의 고유성에 맞게 자신을 변형해야 한다는 사실을 말해준다.

〈제물론〉편에서 장자는 철학의 정수를 드러내는데, 그것이 바로 '양행兩行' 논리다. 그리고 〈제물론〉편을 마치면서 '호접몽' 이야기를 만들어 자신의 전언을 문학적으로 가공해낸다.

나비와 장자 사이에 구분이 없는 판단 중지의 천균 상태와 나비와 장자 사이에는 반드시 구분이 있어야 하는 타자 의존적인 인시因是 상태! 이와 같은 양행 논리를 전제하지 않는다면, '구분이 없음'과 '구분이 있어야 함'을 동시에 긍정하는 장자의 전언은 이해하기 어렵다. 그렇기 때문에 '호접몽' 이야기는 지금까지 많은 학자들을 좌절과 오해에 빠뜨리고 있다. 이런

:: 곽상
중국 진나라 때의 사상가. 《장자》의 유명한 주석서인 《장자주(莊子注)》를 썼다. 도(道)를 무(無)로 해석할 때 노자와 다른 주장을 폈다. 도는 비존재이기 때문에 존재를 낳지 않으며 따라서 제1원인이 될 수 없다고 했다.

오해를 반복하지 않기 위해, '호접몽' 이야기까지 아주 먼 길을 돌아올 수밖에 없었다.

월나라에서는 쓸모가 없는 모자를 팔려고 월나라로 들어간 송나라 상인의 경험을 음미해보았고, 원숭이의 분노에 당혹해하던 원숭이 키우는 사람의 '양행' 논리도 살펴보았다. 물론 지금까지 분석한 세 이야기는 사실 관점이나 시선에서 미묘한 차이가 있다.

그렇지만 세 이야기는 모두 '판단 중지의 테마'와 '타자성의 테마'라는 두 테마로 일관되게 짜여 있다. 우리는 이제 장자 철학에서 '양행' 논리가 얼마나 중요한지 확인했고, 결국 〈제물론〉편은 '양행' 논리를 설명하기 위해서 썼다는 것을 알게 되었다.

포정의
소 잡는 이야기

월든 호숫가의 오두막에서 자연을 노래
한 소로Henry David Thoreau, 1817~1862에게 강하
게 영향을 받은 우리나라의 한 스님은 주로 아낌없이 자신을 내
주는 자연과 그렇지 못한 인간의 욕심에 대한 글을 썼다. 태양과
물과 바람과 나무 같은 자연은 아무 보상도 바라지 않고 무상으
로 자신을 제공함으로써 인간의 귀감이 된다는 것이다. 그런데
스님이 노래하는 자연에는 무언가 빠져 있다. 자연을 과연 이렇
게 신적으로나 낭만적으로만 그릴 수 있을까? 오히려 길을 잃고
산을 헤맬 때 들리는 배고픈 승냥이의 울음소리, 독사나 독벌레
같이 우리와 생존경쟁을 벌이는 다른 생명체의 괴로움이 여기에
는 완전히 빠져 있지 않은가?

칸트의 표현을 빌리자면, 이 스님은 다만 자신이 자연에게 의
미를 부여한 것만 다시 확인했을 뿐이다. 즉 스님은 자신이 자연

에서 찾고 싶어하던 것만 다시 찾았다. 그렇다면 스님에게 자연은 관조의 대상이 되는 풍경이나 외면이 아니겠는가? 마치 전통적인 동양의 산수화가 보여주는 풍경처럼 그것은 사변적인 풍경에 지나지 않는다. 외면으로서 자연은 관조하는 주체의 내면에 매개된 자연, 원근법적으로 드러나는 풍경일 수밖에 없다.

결국 이렇게 자연이 자연만의 단독성singularity으로 이해되지 않고 관조하는 주체의 내면에 따라 이해된다면 자연은 이제 더는 자연일 수 없다. 자연은 다만 풍경의 하나일 뿐이다. 따라서 스님이 산속에 있는 자신의 암자에서 꽃을 가꾸면서 아름다움을 노래할 때, 그가 노래하는 것은 그 자신의 내면이라고 할 수 있다. 그러나 그것은 자연과는 아무 상관이 없다.

스님이 자연을 사랑한다면 또는 자연이 무엇인지 알려고 한다면, 오히려 조용히 암자를 허물고 그곳을 떠나야 한다. 1년도 되지 않아 꽃은 폐허가 된 암자의 이곳저곳에서 그들이 피고 싶은 대로 피어날 것이다. 그곳에는 우리가 처음 보는 진드기도 생길 것이고 전혀 예측하지 못한 곤충의 먹이사슬도 새롭게 만들어질 것이다. 그 세계는 우리가 멀리서 바라본 내면 속의 풍경처럼 아름답지도, 조화롭지도 않을 것이다.

자연을 소재로 삼는 동양화는 거의 모두 관념화에 지나지 않는다. 매화, 난초, 국화, 대나무를 아무리 아름답게 그려도 그것은 살아 있는 매화, 난초, 국화, 대나무와는 아무런 상관이 없다. 홀로 앉아 조용히 차를 마신다. 종이를 꺼내 기개 있게 난을 친다. 하지만 그것은 자신의 내면에서 매개된 외면일 뿐이고 자신의 정신세계를 표현한 것일 뿐이다.

'저런 곳에 살고 싶다'는 생각이 들게 하는 동양화 속의 무릉도원은 관념 속에만 존재한다.

구름에 반쯤 가린 산을 타고 흐르는 계곡물에서 선비가 낚시를 하고 멀리 촌부가 농기구를 끌고 지나가는 모습을 그린 흔히 볼 수 있는 동양화를 떠올려보라. 이 그림에 있는 풍경은 사실적일까? 이 풍경을 그린 사람은 진짜 이런 곳에 가보았을까? 결코 그렇지 않다. 이곳은 일종의 무릉도원武陵桃源, 관념상에만 있는 곳이다. 산이 있어도 그 산은 진짜 산이 아니다. 사람이 있어도 그 사람은 관념 속에 있는 사람이다. 스님이 노래한 자연이나 전통적인 동양화가 표현한 자연에도 자연이 없기는 마찬가지다. 거기에는 단지 풍경 또는 내면의 투사물만 있다. 한마디로 그런 자연에는 대상이 되는 풍경만 있지 타자성을 갖는 자연은 없다.

차이와 타자에 대한 존중은 아마도 현대 윤리학에서 금언일 것이다. 남성과 여성의 차이, 이슬람 문화와 기독교 문화의 차이, 서양 문화와 동양 문화의 차이를 긍정하고 배려하자는 것이다. 어느 사이엔가 우리나라에서도 '차이와 타자'라는 개념을 중심으로 하는 담론이 주도적인 지적 흐름으로 번성해가고 있다. 지금 어느 누가 '타자와 차이를 인정하고 그들을 배려하자'는 주장을 거부할 수 있을까? 아니나 다를까, 언론과 출판 여기저기에서 지식인들이 앞다퉈 '차이와 타자'를 진지하게 설교하는 대변인 노릇을 한다.

물론 '차이와 타자'를 인정하는 일은 겉으로 보기에 훌륭하다. 그러나 여기서 지식인들은 다음과 같이 결정적으로 중요한 질문과 반성을 놓치고 있다. 왜 '차이와 타자'의 담론, 즉 차이와 타자에 대한 존중이라는 윤리학적 담론이 서양에서 일어났을까? 우리는 '차이와 타자'의 담론이 서양에서 나타나 흘러들어 온 것임을 잊어서는 안 된다. 해방 이후 서양에서 유행처럼 흘러들어 온 모든 담론과 마찬가지로.

여기서 우리는 '차이의 인정과 타자에 대한 배려'라는 논리가 세계 패권을 차지한 서양에서 나타났다는 사실처럼, 강자의 처지를 전제로 한다는 사실을 놓치지 말아야 한다. 지배층이 피지배층에 대해서, 남성이 여성에 대해서, 서양이 제3세계에 대해서, 기독교가 이슬람에 대해서 '차이의 인정과 타자의 배려'라는 담론을 이야기할 수 있을 뿐, 그 반대의 경우는 결코 아니다. 왜냐하면 이미 약자인 여성, 이슬람, 제3세계, 피지배층은 어쩔 수 없이 '차이를 인정하고 타자를 배려해야만 하기' 때문이다.

우리나라는 이미 '미국이라는 타자'를 배려하고 '미국과 한국의 차이'를 인정하지 않는가? 북한과 대치하고 있는 데다 미국과 경제 교류를 긴밀히 해야 하는 상황에서 우리는 분명히 미국에게 약자다. 그래서 강자인 미국을 배려해야만 하지 않는가? 불공정한 무역 보복도 받아들이고, 불평등한 SOFA 협정도 감수하지 않는가? 우리는 다른 약소국가들과 마찬가지로 미국이라는 타자와 차이가 있다는 사실을 받아들이면서 미국이라는 타자를 배려하지 않고는 살 수 없게 되어 있다.

강자가 내세운 '차이의 인정과 타자에 대한 배려'라는 명분은 항상 강자만이 철회할 수 있다는 사실을 잊지 말자. 이라크에 대한 미국의 무차별 공격이 이것을 웅변하지 않는가? 그리고 이런 무차별 공격과 동시에 미국은 다양한 인종과 문화의 공존을 긍정한다는 자신의 주장을 과감히 거두어들였다. 미국에서 있었던 중동과 아시아 계열 학생에 대한 수많은 인권 침해는 이 점을 명확하게 보여준다.

이런 상황에서 우리나라 지식인이 '차이의 인정과 타자에 대한 배려'라는 담론을 유행처럼 따라간다는 것이 무슨 의미가 있을까? 유행처럼 번지는 이런 담론은 일자리를 찾아 우리나라에 들어온 동남아 사람이나 연변의 한인처럼 다만 우리나라보다 약한 국가와 국민에게만 적용할 수 있다. 우리나라에서 저임금과 폭력, 차별 등 온갖 부당한 위협을 당하는 사람들에게만 미국처럼 우리도 '차이의 인정과 타자에 대한 배려' 또는 '보편적 인권'을 주장할 수 있을 뿐이다.

나를 변화시키는 폭력적 타자

이처럼 현재 유행하는 차이의 인정과 타자에 대한 배려라는 담론에는 강자의 논리가 숨어 있다. 차이와 타자는 진정한 의미의 차이와 타자가 아니라 '동일성'으로 매개되었을 뿐인 차이와 타자이다. 타자에 대한 인정과 배려는 '강자'의 변덕에 좌우되기 때문에 언제든지 철회할 수 있다. 암자에서 화초를 키우면서 자연에게서 진정한 앎을 배운다는 스님도, 자연의 아름다움을 화폭에 담는다는 동양화가도 어느 순간 그것을 모두 파괴할 수 있을 만큼 힘이 있다.

타자와 차이가 인정과 배려의 대상이 되는 순간, 사실 그 타자와 차이는 진정한 의미에서 타자와 차이라고 볼 수 없게 된다. 우리는 타자와 차이라는 개념이 인정과 배려의 대상과 같은 온정적인 개념이 아님을 잊지 말아야 한다. 진정한 의미의 타자와 차이는 기본적으로 두려움과 공포의 대상, 삶에서 우연히 만날 수밖에 없는 그 무엇이다.

길을 가다가 압도적인 힘을 내세워 자신을 겁탈하려고 달려드는 남성과 마주친 여성에게, 이러저러한 구실을 달아 압도적인 무력으로 침략해오는 강대국과 직면한 약소국에게, '타자에 대한 배려와 차이의 인정'이 무슨 의미가 있을까? 몸을 쉽게 겁탈할 수 있도록 타자를 도와주어야 할까? 그저 손쉽게 침략할 수 있도록 국경을 열어주어야 할까? 암자에서 화초를 키우는데 배고픈 늑대가 나타났다면 스님은 어떻게 해야 할까? 자신을 잡아 배불리 먹으라고 옷이라도 벗어주어야 하지 않을까?

타자와 차이는 기본적으로 자신의 '동일성'을 무너뜨리는 어떤 힘이라고 이해해야 한다. 그것은 관조의 대상이나 풍경이 결코 아니다. 그것은 삶의 차원에서 사건으로 나에게 닥쳐온다. 내면과 외면이라는 구조 속에서 결코 포착되지 않는 그 무엇이 바로 타자다. 더 정확히 말하면 내면과 외면이라는 동일성의 구조를 무너뜨리는, 예측할 수 없는 압도적인 힘이 타자다. 자신의 아이처럼 귀하게 키운 새끼호랑이가 어느 날 자기 손을 물 수 있다. 그렇게 타자의 타자성은 우리 삶에 지울 수 없는 상처와 흔적을 남긴다.

타자는 아름답고 고요한 호숫가에 앉아서 바라보는 자연이 아니다. 거친 바다 한가운데에서 자신의 삶을 송두리째 삼키려고 몰려오는 폭풍우 같은 자연이다. 바다 한가운데에서 거친 폭풍우를 뚫고 살아 돌아온 사람은 완전히 다른 사람이 된다. 왜냐하면 그는 진정한 의미에서 타자와 자신의 차이를 경험했고, 그에 따라 자신을 변화시켰기 때문이다.

처음 사랑에 빠진 한 남자를 생각해보자. 사랑에 빠지는 일, 타자와 어떤 관계로 맺어지는 일은 기본적으로 한 남자가 완전히 달라진다는 것을 의미한다. 사랑에 빠진 남자는 다른 주체 형식으로 변할 수밖에 없다. 이 남자에게 여성은 미지수로 다가온다. 모든 것이 불확실하다. 이 남자는 자신이 사랑하는 여성에게서 나오는 아주 작은 신호도 놓치지 않으려고 노력한다. 아주 작은 곤충이 촉수를 곤두세우듯이 이 남자는 자신의 모든 존재를 그녀에게 맞추기 위해 노력한다. 이전에 싫어하던 음악을 좋아하게 되고, 이전에 싫어하던 음식을 좋아하게 된다.

이런 식으로 사랑에 빠진 이 남자는 자신이 어떻게 변할지 미처 모르면서 조금씩 자신의 주체 형식을 변형시킨다. 그러나 이 남자가 자신이 사랑하는 여성에게 인정을 베풀거나 그녀를 배려하는 것은 결코 아니다. 인정을 베풀고 배려하면서 여성을 만난다면, 이 남자는 사랑에 빠진 게 아니다. 인정과 배려는 자신의 동일성을 유지한 채 겉으로만 상대방과 만남을 유지하는 상태이기 때문이다. 이 남자는 그녀를 동정과 보호 차원에서 돌봐주어야 할 약자로만 대할 뿐이다.

그러나 진정한 의미의 타자와 차이는 자신의 동일성을 파괴하는 그 무엇을 통해서만 경험할 수 있다. 우리는 타자가 지닌 타자성은 내가 다른 주체로 생성될 수 있게 하는 강제적이고 폭력적인 힘이라는 사실을 잊지 말아야 한다. 그리고 관조의 풍경이 아닌 타자성을 가진 진정한 의미의 타자는, 어떤 공백이나 의미의 결여로만 나에게 나타나는 그 무엇이다. 내가 어떤 주체로 생성될 것인지 예측할 수 없는 것과 마찬가지로.

신神으로 만난 포정의 소

장자는 위대하다. 그는 타자와 소통하면 다르게 변형될 것이고, 반대로 다르게 변형되어야 타자와 소통할 수 있다는 점을 통찰했다. 장자는 이 점을 밝히기 위해 우화를 많이 만들었는데, 그 가운데 가장 대표적인 우화가 〈양생주養生主〉편에 나오는 포정해우庖丁解牛다.

포정이라는 훌륭한 요리사가 문혜군을 위하여 소를 잡았다. 손을 갖다 대고, 어깨를 기울이고, 발을 디디고, 무릎을 굽히는데, 그 소리는 설컹설컹, 칼 쓰는 대로 썩둑썩둑, 완벽히 음률에 맞았다. 무곡〈뽕나무 숲[桑林]〉에 맞춰 춤추는 것 같고, 악장〈다스리는 우두머리[經首]〉에 맞춰 율동하는 것 같았다. 문혜군이 말하였다.

"참, 훌륭하다. 기술이 어찌 이런 경지에 이를 수 있을까?" 포정은 칼을 내려놓고 대답하였다. "제가 귀하게 여기는 것은 도道입니다. 기술을 넘어서는 것입니다. 제가 처음 소를 잡을 때는 눈에 보이는 것이 온통 소뿐이었습니다. 3년이 지나자 온전한 소가 보이지 않게 되었습니다. 지금은 신神으로 만날 뿐 눈으로 보지 않습니다. 감각기관은 쉬고, 신神이 원하는 대로 움직입니다. 하늘이 낸 결을 따라 큰 틈바구니에 칼을 밀어 넣고, 큰 구멍에 칼을 댑니다. 이렇게 진실로 그러한 바에 따를 뿐, 아직 인대나 힘줄을 베어본 일이 없습니다. 큰 뼈야 말할 나위도 없지 않겠습니까? 훌륭한 요리사는 해마다 칼을 바꿉니다. 살을 가르기 때문입니다. 보통 요리사는 달마다 칼을 바꿉니다. 뼈를 자르기 때문입니다. 저는 지금까지 1년 동안 이 칼로 소를 수천 마리나 잡았습니다. 그러나 이 칼날은 이제 막 숫돌에 갈려 나온 것 같습니다. 소의 뼈마디에는 틈이 있고 이 칼날에는 두께가 없습니다. 두께 없는 칼날이 틈이 있는 뼈마디로 들어가니 텅 빈 것처럼 칼이 마음대로 놀 수 있는 여지가 생기는 것입니다. 그러기에 19년이 지났는데도 칼날이 이제 막 숫돌에 갈려 나온 것 같습니다. 그렇지만 매번 근육과 뼈가 닿은 곳에 이를 때마다 저는 다루기 어려움을 알고 두려워 조심합니다. 시선은 하는 일에만 멈추고, 움직임은 느려집니다. 칼을 극히 미묘하게 놀리면 뼈와 살이 툭 하고 갈라지는데 그 소리가 마치 흙덩이가 땅에 떨어지는 것 같습니다. 칼을 들고 일어서서 사방을 둘러보고, 잠시 머뭇거리다가 흐뭇한 마음으로 칼을 닦아 갈 무리를 합니다."

문혜군이 말하였다. "훌륭하다! 나는 오늘 포정의 말을 듣고 '삶을 기르는 것〔養生〕'이 무엇인지 터득하였노라."

포정이 문혜군에게 이야기한 소 잡는 방법을 자세히 살펴보자. 포정은 처음에는 보이는 것마다 소로 생각할 정도로 소에 집중한다. 포정은 개를 보아도 소로 보이고 고양이를 보아도 소로 보이는 몰입의 상태에 빠져 있었던 것이다. 몰입의 상태에 빠져 있던 3년이라는 시간이 지나자 이제 포정은 살아 있는 소를 보아도 보통 사람이 보는 것처럼 온전한 소가 아니라 소의 모든 부위와 뼈만 보게 되었다. 이런 경지에 이른 다음 그는 자신이 소를 잡을 때 '그 소와 신神으로 만나지 눈으로 보지 않는다〔以神遇而不以目視〕'고 말한다.

여기서 포정이 말한 '눈으로 본다는 것'과 '신으로 만난다는 것'의 차이는 무엇일까? '본다〔視〕'는 말은 기본적으로 내가 어떤 대상을 능동적으로 바라본다는 말이다. '본다'는 말은 주체가 어떤 관심과 목적을 가지고 주체 밖의 어떤 대상을 관찰하는 것이다. 따라서 주체와 대상이 거리를, 즉 '나는 나고 대상은 대상이라는' 식의 거리를 함축한다는 말이다. 반면에 '조우한다〔遇〕'는 말은 주체와 대상 사이의 거리감이 없다는 것이다. 전혀 예상치도 않은 사람을 우연히 만날 때 '조우한다'고 표현하는 것처럼, 이 말은 어떤 관심을 가지고 누군가 찾다가 그 사람을 '보게 되는' 경우와는 전혀 다르다.

여기서 사용한 '신神'이라는 표현은 주체와 대상의 거리감이 없는 소통의 역량을 뜻하는 것으로, 유동적인 마음의 상태, 또는 타자와 직면해서 그 타자에게 어떤 의도된 관심도 없이 귀를 기울이는 마음 상태를 의미한다.

이렇게 유동적인 마음의 역량, 즉 '신'으로 타자와 만났기 때문에 소를 수천 마리 잡은 포정의 칼은 아직도 마치 숫돌에 방금 간 칼처럼 새롭다. 왜냐하면 포정의 칼은 뼈와 뼈 사이, 근육과 근육 사이를 흐르는 물처럼 유연하게 헤치고 지나갈 수 있기 때문이다. 그래서 포정의 칼은 수천 마리 소를 잡았음에도 온전하게 칼날을 유지할 수 있었다. 이런 경지를 포정은 저 소에게는 틈이 있지만 칼날에는 두께가 없기 때문에, '두께가 없는 칼로 틈이 있는 것을 지나가는 것'은 아주 쉬운 일이라고 표현하고 있다.

소를 잡는 道, 나를 지키는 道

서양 연구자들은 '포정 이야기'를 포함해 《장자》 여기저기에 나오는 '장인 이야기'에 관심을 많이 나타낸다. 그들의 장자 연구는 'know-how'와 'know-that'의 구별, 즉 실천적 앎과 이론적 앎을 구별하는 것으로 이루어졌다. 이 연구에 따르면 '실천적 앎'은 '이론적 앎'보다 더 근본적이다. '실천적 앎'에서 '이론적 앎'은 도출될 수 있지만, '이론적 앎'에서 '실천적 앎'은 도출되지 않기 때문이다. 예를 들어 자전거가 두 바퀴로 되어 있고 페달을 밟아서 가는 운송 수단임을 아는 것(이론적 앎)이 필연적으로 자전거를 실제로 탈 수 있다는 것(실천적 앎)을 함축하지는 않는다. 그러나 자전거를 실제로 탈 수 있다는 것은 그 자전거가 이러저러한 운송 수단임을 안다는 것을 함축한다. 이런 견해에 따라 그들은 '장인 이야기'를 강조하면서, 장자가 '실천적 앎을 결코 부정하지 않았다'는 점에서 근본적인 회의주의자는 아니었다고 주장한다. 이것은 분명 나름대로 가치가 있는 주장이다. 하지만 이들은 근본적인 오류를 범하고 있다.

'포정 이야기'를 자세히 읽어보면 장자는 결코 '실천적 앎'을 덮어놓고 옹호하지는 않았다. 왜냐하면 포정이 소 자르는 모습을 보고 문혜군이 감탄하면서 '기술[技]'이 훌륭하다고 말하자, 포정은 자신이 좋아하는 것은 '기술'이 아니라 그보다 훨씬 탁월한 '도道'라고 말하기 때문이다. 그렇다면 '도는 기술보다 탁월한 것'이라는 포정의 이야기는 무엇을 의미할까?

포정이 문혜군에게 이야기해준 '소 잡는 방법'은 우선 겉으로는 분명 숙련된 기술처럼 보인다. 즉 '그의 소 잡는 기술'은 분명 '~할 수 있는 방법know-how'을 의미하는 '실천적 앎'의 한 가지 사례에 해당하는 것처럼 보인다. 그런데도 포정은 지금 자신이 좋아하는 것은 '기술'이 아니라 '도'라고 이야기한다. 그렇다면 발제 원문에는 '기술'보다 '도'가 우월할[進] 수밖에 없는 지점에 대한 언급이 있어야 한다. 그 부분은 과연 어디일까?

그것은 다음과 같은 포정의 말 속에서 찾을 수 있다.

그렇지만 매번 근육과 뼈가 닿는 곳에 이를 때마다
저는 다루기 어려움을 알고 두려워 조심합니다.

소를 19년 동안 잡으면서 익힌 '기술'이 적용되지 않는 지점을 포정은 소를 자를 때마다 마주칠 수밖에 없다는 것이다. 포정이 19년 동안 익힌 '기술'을 믿고 매번 자르기 힘든 곳을 자르려고 한다면, 그의 칼은 벌써 부러졌을 것이다.

19년 동안 소를 잡으면서 익힌 '기술'은 〈제물론〉편의 표현을 빌리자면, '작은 이룸[小成]'에 지나지 않는다. 특정한 '기술'은 분명 타자와 소통한 흔적이지만, 이것으로 모든 타자와 소통할 수는 없다. 소를 잘 잡는다고 수영을 잘 할 수는 없다. 수영을 잘 한다고 소를 잘 잡을 수도 없다. 그래서 포정은 타자와 소통할 수 있는 유동적인 마음을 유지하면서 타자에 맞게 자신의 기술을 재조정할 수밖에 없다고 한 것이다. 포정이 '도'에 대해 말하게 된 것은, '기술'이란 단지 타자와 소통한 결과로 나타난 특정한 흔적이기 때문에 다른 타자와 만났을 때는 함부로 사용하면 안 된다는 통찰 때문이다.

〈양생주〉편을 시작하는 동시에 이 편을 상징하는 '포정 이야기'는 '삶을 기르는 방법'을 나타낸다. 포정이 말하는 소 잡는 이야기를 들은 문혜군은 감격해 말한다. "훌륭하다! 나는 오늘 포정의 말을 듣고 '삶을 기르는 것[養生]'이 무엇인지 알았다." 문혜군은 어디서 양생의 지혜를 얻었을까? 그는 바로 '소를 수천 마리 잘랐지만 아직도 방금 숫돌에 간 것처럼 날카롭게 자신을 보존하고 있는 칼'에서 그 지혜를 얻었다. 왕으로서 문혜군은 바깥으로는 다른 호전적인 제후국에 둘러싸여 있고, 안으로는 자신의 권위에 도전하려는 신하들에 둘러싸여 있었다. 어찌 이런 무수한 타자가 수천 마리의 소보다 가볍다고 할 수 있을까? 문혜군은 바로 '포정'에게서 이런 타자와 소통해서 자신의 삶을 보존하는 방법을 찾았던 것이다.

그러나 우리에게는 더 생각해볼 문제가 있다. 문혜군은 '포정'의 말을 듣고 과연 '삶을 기르는 방법'을 제대로 이해했을까? 물론 원문에서는 이런 의문을 해결할 실마리를 찾을 수 없다. 문혜군은 포정의 '칼'에 지나치게 주목했지만 정말 중요한 것은 '포정' 자신이 아닌가? 문혜군은 '포정 이야기'가 담고 있는 의미 가운데 절반만 이해한 것이 아닐까?

자세히 살펴보면 '포정 이야기'는 중층 구조를 가지고 있다. 거시적인 층위에서는 '포정'이라고 불릴 어떤 사람이 '소'와 '만남'으로써 '포정'이 될 수 있다는 주체 변형의 이야기가 전개된다. 반면에 미시적인 차원에서는 포정의 '칼'이 소의 '몸'과 조우하지만 칼날이 전혀 망가지지 않았다는 이야기가 전개된다. 전자가 '변화'에 대한 이야기라면, 후자는 '불변'에 대한 이야기다.

'변화'와 '불변'의 두 측면은 '포정 이야기'에 함께 말려 있다. 따라서 이 이야기에서 주목해야 할 것은 이렇다. 즉 소를 수천 마리 잡았는데도 '칼'이 망가지지 않았다는 사태는, 어떤 사람이 '포정'이라는 훌륭한 도살자가 된 사태와 동시적이라는 점이다.

'포정 이야기'의 이런 중층 구조를 파악했다면, 문혜군은 폭력적인 타자와 조우하면서도 자신의 삶을 보존할 수 있는 방법을 찾았을지에 대해 생각해보자. 그는 자신이 왕이라는 고착된 마음을 버리고, 유동적인 마음을 회복해서 타자의 목소리와 움직임에 민감하게 대응하면서 자신의 주체 형식을 변화시킬 수 있어야 한다. 따라서 어쩌면 그는 자신의 동일성을 규정하는 '왕'

이라는 자리도 버려야 할지 모른다. 물론 이런 마음을 확보해서 타자와 민감하게 만난다고 하더라도 한때 '문혜군'이라고 불린 사람이 완전하게 자신의 삶을 보존할 수 있으리라는 보장은 어디에도 없다. 마치 포정이 매번[每] '뼈와 살이 엉킨 곳'과 다시 조우할 수밖에 없듯이, 그도 전혀 예기치 않은 타자와 다시 조우할 수밖에 없기 때문이다.

길은 걸어간 뒤에 생긴다

철학의 경향을 나누는 기준은 많다. 그 가운데 우리가 고려하려는 것은 '우발성'을 어떻게 생각하느냐에 따라 철학의 경향을 나누는 것이다. 철학은 '우발성'을 긍정하는 철학과 '우발성'을 부정하고 '필연성'을 강조하는 철학으로 나뉜다. '우발성'은 'contingency'를 번역한 말이다. 'contingency'는 어원적으로 '접촉contact'을 의미하는 라틴어 'contingere'에서 나왔다. 따라서 '우발성'을 긍정하는 철학은 기본적으로 '접촉' 또는 '조우encounter'를 긍정하는 철학이라고 할 수 있다. 우산이 없는데 갑자기 소나기가 내릴 때, '소나기와 접촉했다'거나 '소나기와 만났다'고 말할 수 있다. 이처럼 만남과 접촉은 우리가 예측하지 못한 타자나 사건과 조우하는 것이다. '접촉'이나 '만남'에서부터 유래하는 사건의 특징을 철학에서는 '우발성'이라고 한다.

어떤 남자와 여자가 우연히 길거리에서 '조우'한다. 그리고 두 사람은 곧 사랑에 빠진다. 물론 이 남자는 친구를 만나러 가는 길이었고, 이 여자는 쇼핑하러 가는 길이었다. 그게 무슨 상관이 있을까? 어쨌든 두 남녀는 길거리에서 '조우한' 것이다. 한 가지 재미있는 사실은 두 남녀가 사랑에 빠지게 되면, 그들은 다음과 같이 돌이켜 생각하기 쉽다는 것이다. "우리 만남은 우연이 아니야!" 자신들의 만남은 어떤 필연성에 따라 이루어졌다는 것이다. 그러나 이것은 '우연적 만남'이 지닌 '우발성'을 회피하고 자신들의 만남을 영원한 것으로 만들고 싶은 '자기기만'일 뿐이다. 이들은 만나면 반드시 헤어진다는 '회자정리會者定離'의 진리를 회피하려는 것이다.

이처럼 '조우'의 우발성은 '헤어짐'의 우발성을 함축하는 사태다. 그렇지만 우리는 이런 우발적인 사태를 오히려 '영원'이니 '필연'이니 하면서 둘러대려고 한다. 사랑하는 연인이 죽어갈 때 '천국에서 다시 만나'라거나 '다른 생에서도 꼭 다시 만나'라며 흐느낀다. 그러나 갑자기 내리는 소나기와 '조우'할 때도, 과속하는 차와 '조우'할 때도, 강도와 '조우'할 때도 '소나기와의 만남, 차와의 충돌, 강도의 습격도 우연이 아니야'라고 항상 말할 수 있을까?

이제 '포정 이야기'에 나오는 '조우遇'라는 글자의 철학적 함축을 보다 분명히 이해할 수 있을 것이다. '조우'라는 사건은 주체의 바깥에 타자가 있다는 개념을 담고 있다. 자신만의 계열을 지닌 주체가 동등하게 그 자신만의 계열을 지닌 타자와 만나는 것이 '조우'다. '포정'과 '소'의 '조우', '포정의 칼'과 '소의 몸'의 '조우'.

따라서 '소의 자연스러운 결[天理]에 따라서 소를 베었다'는 포정의 말을 오해하면 안 된다. '자연스러운 결'은 소가 가지고 있는 객관적인 구조나 본성과는 아무 상관이 없다. 그것은 '포정'

의 칼이 '소'의 몸과 조우하면서 생기는 칼의 길 또는 흔적에 지나지 않는다. 이 점에서 '소의 자연스러운 결'은 '포정'과 '소'의 만남에 뒤이어 오는 사후적인 것이라고 말할 수 있다.

'포정'이 아니라 다른 도살자가 잘랐으면 다른 자연스러운 길이 생길 수도 있다. 또 다른 소를 잘랐다면 '소의 자연스러운 결'은 다르게 드러났을 것이다. 〈제물론〉편에 나오는 '길은 걸어간 뒤에 생기는 것이다[道行之而成]'라는 말의 의미도 바로 이것이다. 걸어간다는 비약이 없다면 길이고 뭐고 생길 여지가 전혀 없다.

의심할 여지없이 '포정 이야기'의 핵심은 이제 '포정'이라는 주체에 있다는 점에 다시 주목해보아야 한다. '포정'은 처음부터 '포정'이 아니었다는 사실을 잊지 말아야 한다. 포정은 소를 능숙하게 잡기 때문에 '포정'일 수 있다. '포정'은 처음부터 '백정의 본성'이 있어서 이 본성이 실현되어 '포정'이 된 것이 아니다. 정확히 말해서 '백정의 본성'을 생각하기 위해서도 먼저 '포정'은 소를 잘 잡아야만 한다. '포정'이 소를 잘 잡지 못하고 매번 칼날을 망가뜨렸다면, '포정은 백정의 본성을 타고났다'는 등의 이야기는 나오지 않았다.

'X가 현실적으로 Y를 한다'는 말이 'X에게는 원래 Y를 할 수 있는 본성이 있었다'는 것을 함축하지는 않는다. 일이 끝난 뒤 결과를 사태에 미리 귀속시키는 이런 생각의 오류를 '목적론적 오류'라고 한다. 이는 조우로 생긴 관계를 조우의 두 항 가운데 하나의 본질로 미리 정립시키는 오류이다. 예를 들어 '젓가락은 음식을 집을 때 쓴다'면 '젓가락에는 음식을 집을 수 있는 본질이 있었다'고 말하거나, '종이컵은 물을 담는 데 쓴다'면 '종이컵에는 물을 담는 본질이 있었다'고 말하는 것이 그 예다.

그러나 사정은 그 반대다! '컵'은 '물을 담기 때문에 컵이라고 불리는 것'이고, '젓가락'은 '음식 등을 집기 때문에 젓가락이라고 불리는 것'이다. 물이 없다면 '컵'은 존재할 수 있을까? '육류를 즐기는 서양 문화'에서 '젓가락'은 존재할 수 있을까?

장자는 '포정 이야기'에서 '주체의 변형'에 관해 말하고 싶어 했다. 처음에는 소를 전혀 잡지 못하던 어떤 사람이 19년이라는 세월이 흐르면서 드디어 소를 마음대로 다루게 된다. 칼도 전혀 망가뜨리지 않는다. 그리고 고통을 주지 않으면서 소를 잡을 줄 아는 '포정'이라는 장인이 되었다. 하지만 '포정'이라는 규정이나 '포정'이라는 이름이 원래 있었던 것이 아니어서, 이런 생성과 변화의 흔적으로서만 포정이 탄생할 수 있을 뿐이라는 사실을 잊으면 안 된다.

여기서 '19년'이라는 기간은 인간이 타자와 조우함으로써 새로운 주체로 다시 태어나는 것이 무척 힘든 일임을 웅변한다. 게다가 '19년'이 지난 뒤의 포정은 완전하고 더 바랄 것이 없는 절대적인 '포정'이 될 수 있을까? 그렇지도 않다. 이렇게 유동적인 마음의 소통 역량[神]을 회복해서 타자와 조우한다고 해도, 매번 예기치 못한 타자성과 다시 부딪칠 수밖에 없다. 장자는 그것을 포정의 말로 이렇게 표현한다.

비록 그렇게 제가 능숙하게 소를 자르게 되었다고 할지라도, 저는 매번 살과 뼈가 엉겨 있는 곳에 이르러 그 자르기 어려움에 처하게 됩니다. 雖然, 每至於族, 吾見其難爲

이처럼 장자가 지닌 타자의 타자성에 대한 감수성은 더할 수 없이 예민하다. 그는 혹시 '포정 이야기'를 읽은 사람이 마음을 수양하는 것만으로 모든 일을 해결할 수 있다고 낭만적으로 생각하지 않을까 매우 경계했다. 자기 혼자 마음을 수양하는 것만으로는 모든 일을 해결할 수 없다.

비록 포정의 경우처럼 오랜 시간을 공들여 자기 인격을 닦고 깨우친다고 하더라도, 어느 날 우연히 폭력적이고 이해 불가능한 대상과 마주치면 그동안의 노력이 모두 물거품이 될 수 있다. 따라서 항상 두려워하고 긴장하면서 타자를 이해하고 대응하려는 노력을 멈춰서는 안 될 것이다.

노자,
국가와 제국의 형이상학자

혼란한 시대의
해결사, 노자

《노자老子》* 처럼 간결하지만 어려운 텍스트를 읽기 위해서는 다음 세 가지 사항을 반드시 검토해야 한다. 첫째는 노자의 철학적 문제의식이다. 둘째는 그 문제의식에 대한 해법이라고 할 수 있는 자신의 철학적 주장이다. 셋째는 그 주장의 정당한 근거로 제공한 합리적인 철학적 근거다. 여기서는 먼저 노자가 당시에 무엇을 문제로 삼았는지, 그 문제는 어떤 종류인지부터 살펴봐야 한다. 그의 철학 체계가 아무리 복잡하고 신비해 보여도, 그것은 노자가 품고 있던 고민에 대한 대답일 수밖에 없기 때문이다.

여기서 우리는 노자도 어쩔 수 없이 전국시대를 살다 간 사람이라는 사실을 다시 떠올려야 한다. 전국시대에는 춘추시대보다 갈등과 대립이 더 심했다. 어떤 제후도 천하 통일은 말할 것도 없고 자신이 언제까지 국가를 통치할지 장담하지 못하던 시대였

다. 이때 노자가 혜성처럼 나타나서 국가를 오랫동안 통치하는
방법과 천하를 통일하는 방법을 제안했던 것이다. 그렇다면 노자
의 문제의식은 그때 통치자들의 고민거리를 대신하는 것일 수밖
에 없다. 여기서 다음과 같은 의문이 생긴다. 그 당시 통치자들이
가장 우려하고 가장 무서워한 것은 무엇일까? 노자를 포함한 통
치자들은 피통치자가 목숨을 걸고 국가 권력에 저항하는 것을 가
장 무서워했다. 이 사실을 확인하기 위해서 《노자》 제39장에 나
오는 글을 먼저 읽어보자.

> 백성이 죽음을 두려워 하지 않는다면 어떻게 죽음으로써 그들을 두렵
> 게 할 수 있겠는가? 백성이 죽음을 두려워한다면, 백성 가운데 누군
> 가 옳지 못한 행동을 하였을 때 내가 그를 잡아 죽일 수 있을 것이다.
> 그렇다면 누가 감히 옳지 못한 행동을 하겠는가?

▪▪ 《노자》의 판본에 대해

보통 우리가 보는 해석본은 모두 왕필(王弼, 226~249)이 주석을 붙인 '왕필의 판본'에 근거한다. 하지만 1973년 중국 남부 장사(長沙) 마왕퇴에서 전한(前漢, BC 206~AD 8) 초기 무덤군이 발굴되었고, 그 속에서 비단에 쓰인 다량의 문건이 발견되었다. 이중 《노자》 판본이 나왔는데, 이 문서는 대략 BC 168년에 제작된 것으로 추정된다. 이 책에서 사용한 《노자》의 원문은 모두 이 판본을 기준으로 했다.

민중이 국가에 수동적으로 저항하
는 것이 아니라 적극적으로 공권력
과 맞서 싸울 때가 있다. 이런 결연
한 혁명 상황에서만 피통치자나 민
중은 '죽음도 두려워하지 않게' 된
다. 죽음을 두려워하지 않는 민중의
저항은 국가 권력을 무너뜨릴 수도
있다. 반대로 국가 권력을 두려워하
는 민중은 혁명적 연대를 구성할 수
없다. 산산이 흩어진 이름 없는 개

인으로 남아 국가 권력의 지배를 받을 뿐이다. 그렇다면 노자에게 남은 문제는 왜 민중은 목숨을 걸고 국가 권력에 저항하는가 하는 점이다. 노자는 저항의 원인을 민중에게서 찾기보다 오히려 국가 권력이 그릇되게 기능하는 데서 찾는다. 《노자》제40장에서 노자의 진단을 들어보자.

> 백성이 굶주리는 이유는 통치자가 세금을 많이 거두기 때문이다. 그래서 백성이 굶주린다. 백성이 다스려지지 않는 이유는 통치자가 무엇인가 하려고 하기 때문이다. 그래서 백성이 다스려지지 않는다. 백성이 죽음을 가볍게 여기는 것은 통치자가 지나치게 (자신의) 삶을 풍족하게 하려고 하기 때문이다. 그래서 백성은 죽음을 가볍게 여긴다.

국가 권력이 세금을 많이 거두었기 때문에 민중은 굶주린다. 이런 굶주림이 오래 계속되면 민중은 자신의 삶을 위해서 국가 권력에 저항하는 혁명에 참여한다. 쉬운 논리인 것 같지만 여기서 노자는 결코 놓칠 수 없는 중요한 통찰을 내놓는다. 그것은 바로 국가라는 체계의 작동 원리에 대한 것이다. 국가는 기본적으로 통치자(군주)와 피통치자(민중)로 나뉘는 위계적 체계다.

국가가 원활하게 기능하기 위해서는 통치자와 피통치자 사이에 일종의 교환 관계가 성립되어야 한다. 여기서 중요한 것은 바로 국가라는 체계를 지탱하는 이 교환 관계의 고유한 특성이다. '교환'은 기본적으로 A에서 B로 무엇인가 전달되면 B에서 A로도 무엇인가 전달되는 것이다. 따라서 국가가 원활히 기능하려면 통치자가 피통치자에게서 무엇을 받았을 때, 통치자도 그들에게 무엇인가를 주어야만 한다. 그런데도 통치자가 피통치자에게 대가를 전혀 주지 않는다면? 따라서 국가의 교환 관계가 무너진다면? 민중은 결국 목숨 걸고 국가 권력에 저항할 수밖에 없다.

강한 자가 오래가는 것이 아니라 오래가는 자가 강한 것이다

혁명으로 쫓겨날 위험에 처한 군주에게 노자는 자신이 정말로 들려주고 싶은 이야기를 하기 시작한다. 노자에 따르면 군주가 통치자 자리에 오래 있기 위해서는 세금의 대가로 피통치자에게 무엇인가 주어야만 한다. 이 교환의 논리를 어기면 군주는 통치자의 자리를 결코 유지할 수 없다. 그래서 노자는 《노자》 제22장에서 다음과 같이 들려준다.

사람들을 다스리고 하늘을 섬기는 데 아끼는 것보다 좋은 것은 없다. 오직 아껴야 미리 (통치의 원리를) 따를 수 있다. 미리 따르는 것을 되풀이하여 덕을 쌓는 것이라고 말한다. 되풀이하여 덕을 쌓으면 이기지 못할 것이 없고, 이기지 못할 것이 없다면 그 끝을 알 수 없다. 그 끝을 알 수 없어야 국가를 가질 수 있다. 국가의 어머니〔國之母〕를 가져야 오래갈 수 있다. 이것을 '뿌리를 깊고 굳게 하며 오래 살아 오래 볼 수 있는' 방법이라고 한다.

'아긴다〔嗇〕'는 말은 통치자가 세금을 거두어들여 쌓은 부를 혼자만 가지겠다는 것이 아니다. 이 말은 오히려 통치자가 거두어들인 세금을 자기 자신만을 위해 쓰지 않는다는 의미다. 바꾸어 말하면 통치자가 백성에게 세금의 대가로 무엇을 준다는 말이다. 여기서 되풀이하여 덕을 쌓는다[重積德]는 개념은 이런 교환 관계가 한 번으로 끝나는 것이 아니라 끊임없이 반복적으로 이루어져야 한다는 의미다. 그 결과 통치자는 피통치자의 믿음을 얻게 된다. 피통치자는 통치자의 이익을 자신들의 이익으로 생각하게 된다. 통치자의 이익이 자신들의 이익으로 돌아올 것이라고 믿게 된다.

통치자와 피통치자 사이에 있는 교환 관계가 활성화되면 국가 체계는 강해진다. 마치 혈관 속에서 피가 원활히 돌아야 몸이 건강하듯이 말이다. 여기서 중요한 것은 '국가의 어머니[國之母]'라는 표현이다. 국가의 어머니를 가졌다는 표현은 어떤 이상적인 통치자[聖人]가 국가의 근본적인 기능으로서 교환 관계를 장악하고 있다는 것을 의미한다. 눈에 보이지 않는 이런 교환 관계를 장악한 군주만이 오랫동안 통치자의 자리에 있을 수 있다. 오래 산다는 의미인 '장생구시長生久視'라는 표현이 우리가 흔히 이해하듯이 모든 인간에게 보편적으로 통용되지 않는다는 사실을 알아야 한다. 그것은 오직 통치자의 자리에 있는 군주에게만 통용되는 말이다.

문제는 군주도 평범한 사람이라는 데 있다. 군주도 여느 평범한 사람과 마찬가지로 배고프면 먹어야 한다. 추우면 옷을 입어야 한다. 졸리면 자야 한다. 군주도 칭찬을 좋아한다. 아름다운 여자를 좋아한다. 맛있는 음식을 좋아한다. 군주도 재물이 들어

오면 다른 사람에게 주기보다는 자신이 갖기를 원한다. 다른 사람의 재물을 보면 갖고 싶어한다. 그러나 노자의 말에 따르면 군주가 통치자의 자리에 정말 오래 앉아 있고 싶으면 평범한 사람들과 같이 생각하거나 행동해서는 안 된다. 그래서 노자는 《노자》 제16장에서 이렇게 말한다.

> 내가 조금이라도 아는 것이 있어서 큰 도道를 걸어가려고 할때 두려운 일은 오직 나쁜 길로 드는 것이다. 큰 도는 매우 평탄하지만 백성은 작은 길만 좋아한다. 조정에는 사람이 없고 밭은 황폐하고 창고는 비었는데도 화려한 옷을 입고 날카로운 검을 차고 배부르게 먹어도 재산이 남는다면, 이런 경우를 도둑질을 자랑하는 것이라고 말한다. 도둑질을 자랑하는 것은 도가 아니다.

국가 체계를 유지하는 교환의 논리를 어긴 사람은 통치자의 자리에 있을 수 없다. 그런 사람은 통치자라기보다는 오히려 도둑이라고 할 수 있다. 이 사람은 오직 수탈만을 일삼지 그것을 재분배하려고 하지 않는다. 노자는 통치자인 군주가 반드시 걸어야 하는 길인 재분배의 도를 외면하고 있다고 한탄했다. 통치자의 자리를 오랫동안 지켜서 국가를 보존할 수 있는 길이 있다. 그런데 순간적인 편안함과 향락만을 추구하다가 혁명의 와중에서 사라져가는 군주들을 보면서 노자는 그들의 짧은 식견을 탄식한 것이다.

역사 속에 군주의 길이 있다

노자는 국가와 정치, 역사에 대한 통찰을 어떤 방식으로 이끌어냈을까? 이 점을 확인하려면 《노자》제10장을 읽어보아야 한다.

> 문을 나서지 않아도 천하를 알고, 창문을 통해 내다보지 않아도 천도를 안다. 멀리 나가면 나갈수록 아는 것은 점점 줄어든다. 그러므로 성인은 돌아다니지 않아도 알고, 보지 않고도 규정하며, 하지 않고도 이룬다.

이 글은 노자 철학이 기본적으로 내성內省, introspection이라는 방법에 기초한다는 사실을 우리에게 명확히 알려준다.

노자에 따르면 문을 나서지 않아도, 창문으로 내다보지 않아도 이 세상[天下]과 이 세상의 법칙[天道]을 알 수 있다. 어떻게 그럴 수 있을까? 세상을 알려면 세상에 나가야 하지 않을까? 이런 의문이 들 수밖에 없다. 그러나 이런 의문은 잘못된 것이다. 집을 나간다고 하더라도, 창문으로 본다고 하더라도 세상과 그 법칙을 알 수 있다는 보장은 전혀 없다.

세상의 법칙을 알기 위해 집을 떠나 세상으로 나오면, 세상의 법칙을 알게 될까? 오히려 새롭고 신기한 것들을 만나게 되고 그것에 유혹당하기 쉽다. 더군다나 이 세상에 있는 모든 것은 시간을 통해서 나타났다가 시간을 통해서 덧없이 사라진다. 그러니 이것들에서 법칙을 배우는 일이 그리 만만치 않다. 법칙은 최소한 시간을 통해서 지속되거나 반복되어서 영원하고 보편적이라고 인정된다. 따라서 늘 변하는 세계에서 이런 법칙을 찾기는 어렵다. 노자가 말했듯이 집 밖으로 나가면 나갈수록 혼란과 혼동의 상태에 빠진다. 그럴수록 분명한 앎을 확보하는 일이 더욱 어려워진다.

아주 소박한 질문이 어려운 철학 체계를 이해하는 데 도움이 되기도 한다. 노자가 집 밖으로 나가지 말라고 했을 때, 집 안에서는 무엇을 하고 무엇을 인식할 수 있을까? 경험에서 배우지 않고 오히려 경험과 반대편에 이르면 남는 것은 순수한 사유 이외에 아무것도 없다. 그러나 아무런 경험도 없이 수행하는 순수한 사유에서 무엇을 얻을 수 있을까? 그것은 신비한 진리와 합일한 상태일까? 이 세상을 창조했다고 하는 도道에 대한 직관일까?

앞에서 살펴본 것처럼 노자의 도는 무엇보다도 국가, 정치, 역사에 대한 통찰에서 추상화된 법칙이다. 따라서 집 밖으로 나가지 않아도 알게 된 '도'는 집 밖의 '도가 결코 아니다. 그것은 경험한 사물과 사건에서 추상화된 것일 뿐이다. 노자는 다만 그것이 개별적이고 유한한 경험을 넘어서는 보편적이고 무한한 법칙이라는 점을 강조하기 위해서, '내성'의 과정을 지나치게 과장하고 신비화했을 뿐이다. 다시 말해 노자는 '도'를 마치 순수하게 사유해야만 확실히 나타나는 것처럼 과장해서 신비화하고 있다.

《노자》의 저자로 알려진 노담老聃에 대한 전설은 이런 면에서 많은 것을 암시한다. 《장자》〈천도天道〉편과 《사기史記》〈노자한비열전老子韓非列傳〉에는 노담에 대한 매우 흥미로운 기록이 나온다. 이 기록을 보면 노담은 주周나라의 문서 관리 책임자 또는 역사가였다고 한다.

그렇다면 역사가는 무엇을 하는 사람인가? 이미 발생한 사건을 수집하고 정리해서 그 유형과 원인을 사유하는 것이 역사가의 임무다. 그런데 여기서 역사가의 어떤 이론도 현실적으로 검증할 수 없다는 점이 중요하다. 왜냐하면 역사가가 정립한 이론은 결국 흘러간 과거의 사건에서 귀납한 것들이기 때문이다.

따라서 우리는 노자가 왜 집 밖으로 나가지 말라고 했는지 이해할 수 있다. 그에게는 과거에 대한 기록과 책이 널려 있었다. 이런 자료에서 노담은 전체 세상의 불변적 법칙으로서 '도'를 추상화했고, 그것을 형이상학적으로 정당화한 것이다. 《한서漢書》〈예문지藝文志〉를 보면 도가道家 학파는 다음과 같이 규정되어 있다.

> 도가 학파는 대부분 역사관 출신인데, 그들은 성공과 실패, 보존과 멸망, 재난과 행복에 대한 과거와 현재의 도를 널리 기록한 다음에 그 요점을 파악하고 근본을 잡을 줄 알게 되었다. 그들은 맑음과 비움으로 자신을 지키고 낮음과 부드러움으로 자신을 유지했는데, 이것은 통치자가 통치하는 방법[君人南面之術]이었다.

노자는 성공과 실패, 보존과 멸망 그리고 그것에서 나오는 행복과 재난으로 얼룩진 정치적 사건에 필연적 원인이 있다는 사실을 깨달았다. 물론 여기서 정치적 사건의 중심인물은 당연히 군주다. 그래서 《한서》의 저자는 노자 철학을 '통치자가 통치하는 방법'인 통치술이라고 규정한 것이다. 그런데 여기서 말한 군주의 통치술은 통치자의 변덕에 노출되어 있는 술책을 의미하지는 않는다. '맑음과 비움으로 자신을 지키고 낮음과 부드러움으로 자신을 유지하는' 군주의 통치술은, 결국 보편적인 역사 법칙인 도에서부터 규정되는 것이기 때문이다.

노자가 '집 밖으로 나가지 않아야 달성되는 인식[不行而知]'이라고 말한 것은, 결국 역사가적 이성을 추상화한 것이다. 화려한 형이상학적 느낌을 가지고 전개되는 내성이라는 방법도, 이 세상을 규정한다고 생각되는 법칙을 추상화하는 과정일 뿐이다. 왜냐하면 내성을 통해서 개별성과 유한성을 덜어낸다는 의미는 이 세상을 보편성과 무한성의 지평에서 보려 하는 것이기 때문이다. 이것은 보편성의 층위에서부터 개별성을 지배하겠다는 의지를 전제한 것이다.

여기서 우리가 놓치지 말아야 할 것은 노자의 추상화를 가능하게 한 일차적 자료가 정치적 현실과 역사였다는 점이다. 노자의 '도'가 정치적인 의미를 띠는 것도 바로 이런 이유에서다. 그가 아무리 정치·역사적 법칙으로서의 '도'를 '일자―者'와 '다자多者'의 형이상학으로 구성한다고 해도, 그의 형이상학에는 이미 통치자와 피통치자라는 근원적인 위계 관계가 함축되어 있다.

수신제가와 치국평천하의 道는 다르다

내성과 그로부터 정립되는 도가 순수한 사유의 역량으로 이해할 수 있는 신비한 것이라고 오해하지 말자. 중국인 특유의 과장법에 속지 말자. 노자의 도는 경험적이면서 동시에 경험적이지 않다. 흘러간 정치적 사건, 즉 역사는 직접 경험할 수는 없지만 기록을 통해서 간접적으로 경험할 수 있기 때문이다. 역사는 다만 간접적인 경험으로부터 사유되어 의미 부여의 대상이 된 것이다.

노자는 정치·역사적 사건에서 국가의 흥망성쇠와 군주의 존폐, 화복禍福의 규칙과 원인을 발견했다. 이어서 그는 자신이 발견한 보편적인 정치·역사적 원인과 법칙을 형이상학적으로 정당화하려고 했다. 《노자》 제17장에서 노자는 자신의 사유 방법이 지닌 특징을 밝혀놓았다.

> 자신으로 자신을 살피고 집으로 집을 살피고 고을로 고을을 살피고 국가로 국가를 살피고 천하로 천하를 살핀다. 나는 어떻게 천하가 그렇다는 것을 아는가? 이것에 따라서이다.

여기서 우리는 노자가 자신[身], 집[家], 국가[國], 전체 세상[天下]이라는 범주 중 어느 것도 부정하지 않고 있다는 사실에 주목해야 한다. 이것은 그의 '도'가 이 세상의 모든 개별자와 그들을 분류하는 범주를 부정하지 않는다는 말이다. 더 정확히 말해 노자의 도는 그런 개별자를 기초로 해서 추상화를 거쳐 이해하게 된 개별자들 전체의 원리다. 노자의 철학 체계는 개별자에게서 도로 상승하고 도에서 다시 개별자로 하강하는 상승과 하강의 체계다. 따라서 결코 개별자를 부정하지 않는다.

그런데 노자가 모든 구분과 분별을 넘어서는 '도'의 발견자라고 일반적으로 이해하는 사람들이 쉽게 오류에 빠지는 곳이 바로 이 지점이다. 노자가 발견한 도 또는 집 밖으로 나가지 않고 알게 된 가장 추상적인 도가 집 바깥의 개별자와 그들의 범주를 부정하기보다 오히려 그들을 도라는 자신의 최종 범주로 정당화한다는 점을 쉽게 망각하기 때문이다.

'수신제가치국평천하修身齊家治國平天下'라는 유가 이념을 생각해보면, 노자가 권하는 내성의 방법이 지닌 고유성이 잘 드러난다. 유가 철학이 자신[身]의 확장이 집[家]이고, 집의 확장이 국가[國]이며, 국가의 확장이 전체 세상[天下]이라는 연속성을 주장한다면, 노자는 자신의 작동 원리, 집의 작동 원리, 국가의 작동 원리, 전체 세상의 작동 원리는 각각 고유한 원리일 뿐이라고 주장한다. 유가 철학에서는 자신, 집, 국가, 전체 세상의 작동 원리가 서로 구조적인 유사성structural similarity을 가지고 있다면, 노자는 이 각각의 작동 원리를 본질적으로 다른 것으로 구별해야 한다고 주장한다.

노자에 따르면 자신을 지배하는 원리는 집을 지배하는 원리와 다르다. 집을 지배하는 원리는 국가를 지배하는 원리와 다르다. 국가를 지배하는 원리는 전체 세상을 지배하는 원리와 다르다. 바로 이 점에서 우리는 그가 다른 제자백가들과 달리 국가와 천하를 새롭게 발견하였다고 말할 수 있다. 국가와 천하는 서로 다른 범주, 즉 자신이나 집을 지배하는 원리와는 구별되는 고유한 작동 원리를 지녔다고 봐야 한다.

노자의 한계

영원한 진리의 철학인 노자 철학을 한갓 정치 철학으로 해석해서 서운할 수도 있다. 이런 서운한 감정도 이해할 만하다. 사실 이 글을 쓰기 전에는 나 자신도 그렇게 생각했다. 글을 구성하면서 내면에 깊이 들어 있는 노자에 대한 기존의 지식을 극복하려고 엄청난 싸움을 되풀이했다. 이 과정에서 어느 순간 머릿속에 들어온 것이 바로 '국가'와 '천하'라는 개념이다. 그리고 노자가 말하는 성인聖人을 '국가'와 '천하'라는 개념과 밀접하게 관련지어 이해해야 한다는 것과 81장 여기저기에 나오는 존재론과 수양론도 '국가', '천하', '통치자'에 대한 정당화 혹은 현실화의 계기와 관련해서만 등장한다는 사실을 확인했다.

노자 철학은 분명 영원한 진리의 철학이다. 그렇지만 그가 영원하다고 본 것은 '국가'와 '천하'라는 정치 구조에 관한 것이었다. 결코 정치 구조를 넘어서는 이상적이고 관념적인 세계가 아니었다. 노자 철학에서 영원한 것은 '국가'와 '천하'로 개념화되는 정치 구조였고, 영원할 수 없는 것, 정확히 말해서 지속할 수 없는 것은 바로 개별 군주였다. 노자 철학을 분석할 때 '국가'와 '천하'의 작동 원리에 따르면, 개별 인격으로서의 군주는 나름대로 영속성을 갖게 된다. 그렇지 않으면 반란과 혁명의 와중에서 자신의 생명뿐만 아니라 군주의 가족까지도 희생될 것이다.

노자가 자신, 집, 국가, 전체 세상을 그대로 긍정하였다는 것을 살펴보았다. 그런데 이 말은 그가 이것들을 주어진 현실로서 그대로 받아들였다는 것을 의미하기도 한다. 다만 노자는 주어진 현실을 비판적으로 사유하지 못하고, 주어진 현실을 유지하기 위해 어떤 조치가 필요한지 깊이 생각하는 데 그쳤다는 점이 아쉽다. 하지만 자신의 철학에서 정치적 현실을 초월한 '순수한'

무엇을 찾으려는 해석자나 연구자보다는 현명해 보인다. 그것은 노자가 '국가', '천하', '통치자'에 대해 숙고하면서 자신이 속한 삶에서 철저하게 현실의 쟁점과 씨름한 인물이었기 때문이다.

그러나 그의 철학의 한계는 '국가'와 '통치자'라는 형식을 문제 삼지 못하고, 다만 '올바른' 국가와 '올바른' 통치자라는 내용만 문제 삼았다는 데 있다. 그의 철학은 국가의 형식적 작동 원리를 규명하고 정당화함으로써 어떻게 하면 '군주'가 이 원리에 따라 '올바른' 통치자가 될 수 있을지에 집중되어 있다. 결국 노자는 '국가'의 존재 이유에 근본적으로 반성하지 못한 사상가였다는 점에서 한계를 가진 철학자라고 말할 수 있다.

노자의
은밀한 제안

남음이 있다

흔히 철학은 현실을 고민하고 현실의 논리를 비판적으로 음미할 수 있는 학문이라고 말한다. 철학이 국가의 논리를 사유하지 못한다면 어떻게 될까? 아무리 철학이라는 화려한 겉모습을 지니고 있더라도 그것은 철학일 수 없을 것이다. 비록 국가 자체를 문제 삼지 못했다고 해도, 노자는 국가의 작동 양식을 매우 뛰어나게 통찰해냈다. 바로 이 지점에서 《노자》 제42장은 빛을 발한다. 우리는 이 글에서 노자가 국가의 기능에 대해 전면적으로 사유했다는 사실을 확인할 수 있다.

천도天道는 마치 활을 당기는 것과 같다. 높이 있는 것은 누르고 낮게 있는 것은 올려주며, 여유가 있는 것은 덜고 부족한 것은 더해 준다. 그러므로 천도는 여유가 있는 것을 덜어서 부족한 것에 더해 준다. 사람의 도는 그렇지 않아서 부족한 것을 덜어서 여유가 있는 것에 더해 준다. 누가 여유가 있는데도 천에 대해 받듦을 취할 수 있을까? 오직 도가 있는 사람만이 그렇게 할 수 있다. 그러므로 성인은 무엇을 하더라도 그것을 소유하지 않고 공을 이루더라도 거기에 머물지 않는다. 이처럼 성인은 자신의 뛰어남을 보이려고 하지 않는 법이다.

노자에 따르면 자연의 법칙은 높은 것을 누르며 낮은 것을 올리고, 남는 것은 덜고 부족한 것은 채워준다. 마치 쌓아둔 모래성이 바람에 날려서 낮아지고 움푹 파인 구덩이에 모래가 쌓여 채워지는 것과 같다. 그런데 노자는 이런 자연의 법칙에 비추어 인간 사회의 문제점을 지적했다. 인간 사회에서는 오히려 가난한 사람의 물건을 빼앗아서 부유한 사람에게 더해주는 것이 법칙인 양 행해지고 있다. 오늘날로 말하면 '부익부 빈익빈'이 인간 사회를 지배한다. 이런 양극화 현상은 결국 전체 사회를 동맥경화 상태로 몰아넣고, 마침내 가난한 자들의 저항을 불러온다.

여기에서 노자는 이상적인 통치자인 성인聖人의 필요성을 역설한다. 성인은 '남는 것이 있는데도 자연의 법칙을 본받아 그것을 부족한 사람에게 줄 수 있는 사람[能有餘而有以取奉於天者]'이다. 노자에게 이상적인 통치자[聖人]는 기본적으로 '재분배redistribution'가 국가의 핵심 기능이라는 사실을 정확하게 파악한 사람이다. 국가는 재분배 논리에 따라 '부익부 빈익빈'의 양극화를 피할 수 있어야 처음부터 민중들의 저항을 받지 않는다.

그래서 노자는 재분배 논리가 지켜지는 국가의 군주를 다음과 같이 표현했던 것이다.

무엇을 하더라도 그것을 소유하지 않고, 공을 이루더라도
그것에 머물지 않는다 爲而弗有, 成功而弗居.

군주가 되려는 사람은 기본적으로 다른 사람보다 더 많이 가
지기 위해서 노력한다. 군주는 국가와 천하를 모두 가지려는 사
람이기 때문이다. 이때 노자는 국가와 천하를 가질 수 있는 방법
을 소개하는데, 그것은 평범한 군주에게는 역설적인 것처럼 보
인다. 노자는 정말로 많이 갖기 위해서는 주어야 한다고, 재분배
해야 한다고 강조하기 때문이다. 재분배는 분명 군주가 '수행하
지만[爲]' 군주로 대표되는 통치 계급보다는 통치를 받는 민중이
재분배의 이익을 누리게 된다. 따라서 노자는 재분배 상태를 '군
주는 가지지 않는다[弗有]'고 묘사할 수 있었던 것이다.

이와 같이 우리는 노자가 국가의 핵심적 기능을 '재분배'로 보
았음을 확인했다. 이것을 얼핏 보면 노자가 국가는 기본적으로
약하고 가난한 민중을 위해서 존재하는 것이라고 선언하는 것처
럼 보인다. 부유함을 덜어서 부족한 사람을 메워준다는 선언은
현재 작동하는 국가 기능에 대한 비판의 논리를 제공하는 것 같
기 때문이다. 그래서 학자들은 노자 철학에서 대안적 정치 철학
의 희망을 읽어내기도 한다.

가난한 사람이 병원에서 혜택을 받지 못하고 가난한 사람이
사회에서 힘을 발휘하지 못하는 현실을 생각해보라. 노자의 진
단은 분명 사회민주주의social democracy 또는 복지주의의 이념을 내
세우는 것 같지 않은가. 사회민주주의의 이념도 국가가 자본주
의 경제를 통제해서 부를 노동자 계급에게 일정 부분 재분배해

야 한다는 주장이기 때문이다.

그러면 사회민주주의가 자본주의 경제를 극복했을까? 아니다. 오히려 재분배를 통해서 자본주의 경제의 순환을 부드럽게 완화한 것에 지나지 않는다. 이 점은 노자 철학에도 똑같이 적용될 수 있다. 사회민주주의에서와 마찬가지로 노자 철학도 기본적으로 현존하는 체제를 극복하는 전략일 수 없다. 다만 현존하는 체제를 안정적으로 작동하도록 만들어 영속화하려는 고도의 전략일 뿐이다.

노자에게 진정한 통치자는 '남는 것이 있는데도 자연의 법칙을 본받아 그것을 부족한 사람에게 줄 수 있는 사람'이다. 자신이 가진 것을 남에게 덜어주는 미덕은 얼마나 훌륭한가?

그러나 여기서 중요한 것은 어떤 사람이 남에게 무엇을 줄 때 그 사람에게 줄 무엇이 반드시 먼저 있어야 한다는 점이다. 그래서 《노자》 제42장에서 재분배보다 더 중요한 것은 바로 '유여有餘', 즉 '남음이 있다'는 구절이다. 이것은 사실 아무것도 가진 것이 없다면, 아무리 남에게 주려고 해도 줄 수 없기 때문에 단순하고도 명백한 경제적 원리라고 말할 수 있다.

여기서 깊이 생각해야 할 것은 바로 '남음이 있다[有餘]'는 사태다. 노자 철학이 기본적으로 남음이 있는 사람에게서 출발한다는 사실과 남음의 혜택을 받을 부족한 사람이 다수 전제되어 있다는 사실을 생각해보라! 다시 말해 노자 철학의 재분배는 '남음'과 '부족'이라는 위계성을 전제로 할 때 비로소 논의할 수 있다.

노자 철학은 부족한 사람에게는 관심을 기울이지 않고, 오직 남음이 있는 사람이 할 수 있는 두 가지 선택에 대해서만 관심을 집중한다. 그에 따르면 남음이 있는 사람은 그 남음을 자신만의 소유로 삼을 수도 있고 재분배할 수도 있다. 그렇다면 어느 것을 선택해야 남음이 있는 사람에게 유리할까?

역설적이게도 남음을 자신만의 소유로 하려는 사람은 그 남음을 어느 정도 보존할 수 있지만, 끝내 부족한 사람들의 저항을 받아 모두 빼앗기고 심지어 목숨마저도 위태롭게 된다. 그러나 남음을 재분배하려는 사람은 부족한 사람에게 남음을 줌으로써 오히려 더 커다란 남음을 확보할 수 있다.

남는 사람[有餘者]이 존재하고 아울러 부족한 사람[不足者]이 존재한다는 위계를 근본적으로 인정하고 있기 때문에, 노자는 다음과 같은 질문을 던지지 않았고, 정확히 말해서 던질 수 없었던 것이다. '도대체 어떻게 남음이 있는 사람이 존재할 수 있었을까?'

여기서 우리는 수탈plunderage이라는 문제, 즉 근원적 착취와 폭력의 문제에 이르게 된다. 현대 민주주의 국가는 국민이나 피통치자를 위해서 재분배를 수행한다. 그러나 재분배되는 부는 어디서 올까? 그것은 기본적으로 '세금'에서 나온다. 여기서는 결국 일종의 교환과 순환의 논리가 드러난다. 세금에서 재분배로, 재분배에서 세금으로, 다시 세금에서 다시 재분배로. 문제는 항상 세금은 재분배를 명목으로 수행되고, 재분배는 세금의 명목으로 수행된다는 점이다. 마치 뱀이 꼬리를 물고 빙글빙글 도는 것처럼 세금과 재분배의 순환의 논리는 그렇게 서로 지시하면서 반복된다.

그런데 재분배의 총량이 결코 세금의 총량을 넘어설 수 없다는 경제 원칙을 생각해보자. 재분배의 총량이 세금의 총량을 넘어선다면, 국가 기구는 파산할 수밖에 없다. 이는 국가가 자신을 유지하기 위해서는 항상 재분배의 총량보다 많은 세금을 거둬야 한다는 사실을 말해준다. 다시 말해 10,000원을 재분배했다면, 세금의 양은 항상 10,000원 이상이어야 한다는 것이다. 12,000원을 세금으로 거두어들였다면, 국가는 11,000원을 재분배할 수 있다. 또한 이것에서부터 국가는 다시 13,000원을 세금으로 거두어들일 수 있다.

그렇다면 세금과 재분배의 순환 고리에서 발생하는 국가 기구의 이익은 어디에서 올까? 국가나 통치자는 피통치자에게서 수탈한 것을 재분배한다. 그리고 그 재분배한 것을 다시 수탈함으로써 이윤을 남긴다. 이것은 노자가 살던 시대나 지금이나 똑같이 작동하는 경제학 원리다. 그런데 자본의 잉여가치와 국가의 이윤 추구는 다르다. 국가가 국가 기구를 유지할 비용이 없으면, 항상 일방적으로 세금을 인상하거나 수탈할 수 있는 무력(공권력)을 가지고 있는 유일한 조직이기 때문이다.

미묘한 밝음

노자는 공동체의 생산력이 급격히 증대될 수 없었던 전前자본주의 시대에 살았다. 따라서 이 시대에 부의 중요한 원천은 자연과 투쟁해서 토지를 일군 농민과 그 농민을 군인으로 뽑아 수행한 전쟁에서 빼앗은 전리품이었다. 또한 진정한 통치자, 즉 군주가 영속적으로 통치자의 자리를 유지할 수 있느냐 하는 것은 농민으로 구성된 피통치자로부터 부를 계속하여 취할 수 있느냐 없느냐에 따라 결정될 수밖에 없었다. 그렇다면 어떻게 해야 할까? 군주는 무엇보다도 먼저 농민의 생산력을 촉진하고 보호해야 하며, 나아가 다른 나라의 침탈에서부터 그들을 보호해야 한다.

바로 이런 의미에서 노자는 재분배를 강조했다. 군주는 기본적으로 피통치자를 수탈하여 부를 이루지만, 이 부는 끊임없는 수탈로는 결코 유지할 수 없다. 수탈이 너무 심해지면 피통치자가 지닌 제한된 생산력마저 줄어들고 나아가 피통치자의 혁명과 봉기를 유발할 수도 있기 때문이다. 더구나 피통치자의 생산력이 제한되면, 그들로 구성된 군대는 당연히 다른 국가의 침탈에서부터 자신을 지켜낼 의지나 힘을 잃을 것이다. 따라서 그런 국가는 곧 다른 국가에게 먹힐 수밖에 없다.

그러므로 노자가 권고하는 '재분배'의 논리는 대다수 사람들에 대한 애정에서 출발한 것이 결코 아니었다. 오히려 그의 논리는 기본적으로 이미 '남음이 있는' 사람을 위해서 그 사람이 어떻게 '남음이 있는 사람'으로 지속될 수 있을지 고민한 것에 지나지 않는다. 《노자》 제80장을 인용해보자.

> 오므라들게 하려면 반드시 먼저 펴주어야만 한다. 약하게 하려면 반드시 먼저 강하게 해주어야만 한다. 제거하려고 한다면 반드시 먼저 높여야만 한다. 빼앗으려고 한다면 반드시 먼저 주어야만 한다. 이것을 '미묘한 밝음[微明]'이라고 한다. 유연하고 약한 것이 강한 것을 이기는 법이다. 물고기는 연못을 벗어나게 해서는 안 되고, 국가의 이로운 도구는 사람들에게 보여서는 안 된다.

우리는 '미묘한 밝음[微明]'이 무엇을 의미하는지 생각해볼 필요가 있다. 그것은 재분배를 통해 더욱 강화된 수탈을 하기 위한 것이다. 곧 수탈과 재분배의 대상인 피통치자에게 알려져서는 안 된다는 점에서 '미묘하고 은미[微]'한 것이다. 하지만 수탈과 재분배의 주체인 통치자에게는 명확하게 파악되어야 한다는 점에서는 '밝은[明]' 것이기도 하다.

통치자가 수탈하기 위해서 제공하는 재분배가 피통치자에게 은혜로 다가오지 않는다면 어떻게 될까? 즉 '국가가 나를 위해 은혜를 베푸는구나. 나도 언젠가 국가를 위해 최선을 다해야지!'라는 다짐을 피통치자의 마음에 심어주지 않는다면, 재분배는 실패한 것이다. 이것은 반대로 피통치자가 '또 나에게 수탈하기 위해서 은혜를 베푸는 척하는구나'라고 생각한다면, 통치자가 다시 원활하게 수탈하는 데 실패했음을 뜻한다. 그래서 노자는 '국가의 이로운 도구를 사람들에게 보여서는 안 된다[邦利器不可以示人]'고 주장했던 것이다.

노자 철학의 탁월한 점은 그가 국가를 어떤 신비한 무엇으로 파악하기보다는 기본적으로 경제적인 메커니즘으로 보았다는 점이다.

이 점에서 가라타니 고진*柄谷行人, 1941~이 《일본정신의 기원日本精神分析》에서 얘기한 네 가지 교환 유형에 대해 읽어볼 필요가 있다. 왜냐

∷ 가라타니 고진
현대 일본이 낳은 가장 탁월한 사상가. 서양 철학과 동양 철학 전통 일반이 '타자'를 배제하는 '유아론'을 함축하고 있다고 주장하면서, 타자의 문제를 자신의 핵심 문제로 설정했다. 최근에는 어떻게 하면 타자와 공존하는 사회를 구성할 것인지를 놓고 이론적으로 고민하고 있다. 그의 주저로는 《탐구 1》(1986), 《탐구 2》(1989), 《트랜스크리틱》(2001), 《일본정신의 기원》(2002) 등이 있다.

하면 그도 노자와 마찬가지로 국가를 하나의 교환 기구라고 주장했기 때문이다. 그는 대안적인 교환 논리인 '어소시에이션 association'이라는 연대 원리를 제안하기에 앞서 기존에 있었던 교환 유형을 세 가지로 분류했다.

첫째 유형은 공동체 안에서 이루어진 교환이다. 이것은 증여―답례라는 호혜적 교환이다. 이 교환은 상호 부조적인데, 답례에 응하지 않으면 마을에서 따돌림을 당할 정도로 공동체의 구속이 강하고 배타적이다.

둘째 유형은 강탈하는 것이다. 교환하기보다는 강탈하는 편이 빠르기 때문이다. 이것을 교환이라고 하니 이상하게 보이겠지만, 지속적으로 강탈하기 위해서는 상대를 적에게서 보호한다거나 산업을 육성할 필요가 있기 때문이다. 이것이 국가의 원형이다. 국가는 더 많이, 계속 수탈하기 위해 재분배함으로써 토지나 노동력의 재생산을 보장하고, 관개 등 공공사업을 벌여 농업 생산력을 높이려고 한다. 그 결과 국가는 수탈 기관처럼 보이지 않고 오히려 농민이 영주의 보호에 대한 답례로 연공年貢을 지불하는 것처럼 보인다. 그렇기 때문에 한편으로 국가는 초계급적이고 '이성적'인 것처럼 본보기가 된다. 예를 들어 유교가 그러해서 치세治世者의 '덕德'이 설파되기도 한다. 그러므로 강탈과 재분배도 넓은 의미에서 보면 '교환'으로 볼 수 있다.

셋째 유형은 마르크스가 말한 것처럼 공동체와 공동체 사이에서 행해지는 교역이다. 이 교환은 서로 합의에 따라 하는 것이다. 서로 등가라고 생각했을 때 이루어지고 교환에서는 잉여가치인 자본이 발생한다. 상인자본은 고전경제학자의 비난처럼 사기에 기초한 것이 아니다. 가치 체계가 다른 지역 사이의 교환, 예컨대 어떤 지역에서 싸게 산 물건을 다른 지역에서 비싸게 판다고 해도 이것은 등가교환이면서 차액(잉여가치)이 발생한다. 상인자본은 공간적인 차이에 근거하지만, 산업자본에서 잉여가치는 시간적으로 기술혁신에 따라 가치 체계를 바꾸어버림으로써 생기는 차액에 기초한다. 즉 봉건적인 국가의 강탈과는 다르지만, 상호합의와 등가 교환이라는 겉모양을 하고 실제로는 부등가 교환이 이루어지는 것이다.

국가를 하나의 실체가 아니라 교환 관계로 통찰했다는 점에서 가라타니 고진의 분석은 중요하다. 그의 논의가 옳다면, 국가의 교환 논리는 자본의 논리와 여러모로 구별되지만, 자본의 논리와 구조적으로 비슷하기도 하다. 왜냐하면 자본 교환의 논리가 겉으로는 등가 교환인 것처럼 보이지만 기본적으로 부등가 교환으로 이루어지는 것처럼, 국가 교환의 논리도 겉으로는 은혜와 보호의 제공과 그 대가인 세금 납부로 구성되는 등가 교환인 것처럼 보이지만 이것은 우월한 힘을 가진 통치자와 그렇지 못한 피통치자 사이의 부등가 교환이기 때문이다.

문제는 국가 교환이 수반하는 피통치자의 '환상' 또는 뒤바뀐 의식에 있다. 피통치자는 국가가 자신을 위해 존재하고 기능하기 때문에, 자신이 국가를 위해 세금을 내는 것을

■■ 《헤겔 법철학 비판》
1844년 마르크스의 저작으로, 우익의 논리로 헤겔의 변증법을 해석하는 경향을 비판하고, 변증법을 사회주의 혁명의 근거로 삼는 논리를 전개시킨 사회주의 사상사의 고전이다. '종교는 인민의 아편'이라는 마르크스의 발언이 등장하는 책이기도 하다. 마르크스는 종교, 국가 등의 거대 이데올로기는 모두 자본가들이 노동자들을 구속하기 위해 만들어낸 가식적 제도라고 공격했다.

당연하다고 여긴다. 한마디로 피통치자는 부등가 교환을 등가 교환으로 간주하고 있는 셈이다.

결국 국가에 대한 비판은 마르크스가 《헤겔 법철학 비판》*에서 종교에 대해 행한 비판과 공명할 수밖에 없다.

> 종교상의 불행은, 첫째는 현실 불행의 표현이고, 둘째는 현실의 불행에 대한 항의다. 종교는 번민하는 자의 한숨이며 인정 없는 세계의 심정인 동시에 정신없는 상태의 정신이다. 그것은 민중의 아편이다. 민중의 환상적 행복인 종교를 없애버리는 것은 민중의 현실적인 행복을 요구하는 일이다. 민중에게 자신의 상태에 대한 환상을 버리라고 요구하는 것은 그 환상이 필요해지는 상태를 버리라고 요구하는 일이다. 따라서 종교에 대한 비판은 종교를 후광으로 하는 고통스러운 세계에 대한 비판을 품고 있다.

여기서 마르크스의 종교 비판이 그대로 국가에 대한 비판으로 이어질 수 있다는 사실에 주목하자. 특히 이것은 초월적인 종교가 발달하지 않은 동아시아의 사유와 삶에서 더욱더 의미가 크다. 역사상 동아시아의 모든 피통치자는 덕이 있는 군주를 마치 신처럼 기다렸다. 삶의 고통이 자신의 노력을 통해서가 아니라 성인 군주의 도래로 사라질 것이라고 믿었다. 그런 만큼 국가를 위한 희생과 헌신은 자연스럽게 자신을 위한 일인 것처럼 간주되었다.

유가와 법가의 종합

《노자》전체 81장은 대부분 자연에서 주어지는 사례, 전쟁에서 발생하는 사례, 아니면 철학적인 체계를 항상 먼저 서술한다. 그 다음에 '그러므로 성인은[是以聖人]'이라는 구절을 반복해서 사용한다. 물론 여기서 성인聖人은 노자가 이상적인 통치자라고 여기는 사람이다. 《노자》제29장을 살펴보자.

> 강과 바다가 모든 골짜기의 왕이 될 수 있는 이유는 아래에 있기 때문이다. 그래서 모든 골짜기의 왕이 될 수 있다. 성인이 백성 위에 있으려고 한다면 반드시 그 말을 낮추고, 백성 앞에 서고자 한다면 반드시 그 자신을 뒤로 하여야 한다. 그래야 성인이 앞에 있어도 백성은 해롭다고 생각하지 않고, 위에 있어도 무겁다고 생각하지 않는다. 천하 사람들이 즐겁게 추대해서 싫증 내지 않는 것은 성인에게는 다툼이 없기 때문이 아닌가! 그러므로 천하의 누구도 그와 다툴 수 없다.

노자에 따르면 강과 바다에 물방울이 하나하나 모여드는 이유는 기본적으로 강과 바다가 낮은 곳에 있기 때문이다. 이것은 군주가 자신이 가진 것을 유지하려고 하거나 더 많이 가지려 하지 않고, 오히려 피통치자에게 재분배해야 한다고 설득하기 위해 도입한 비유다. 군주가 자신이 가진 것을 비운다면 군주는 오히려 자신이 가진 것보다 훨씬 더 많은 것을 얻을 수 있다.

앞에서 살펴본 것처럼 노자는 이런 국가의 전략을 '빼앗기 위해서는 반드시 먼저 주어야만 한다'고 명확하게 규정했다. 뿐만

아니라 이런 은미한 국가의 논리를 피통치자가 알지 못하게 해야 한다고 말했다. 그러려면 피통치자는 마치 물이 낮은 곳으로 흘러가는 것 같은 필연성을 가지고 군주를 중심으로 유기적으로 국가에 통합되어야 한다. 그래서 《노자》 제61장에서 노자는 이렇게 말하고 있다.

> 가장 좋은 것은 백성이 통치자가 있다는 것만을 아는 것이고, 그 다음은 통치자를 가깝게 여기고 칭찬하는 것이고, 그 다음은 통치자를 두려워하는 것이고, 가장 나쁜 것은 통치자를 모욕하는 것이다. 믿음이 부족하면 불신이 생길 것이다. 그러므로 주저하는 듯하구나! 성인의 말 아낌이여. 그는 공을 이루고 일을 완수하였지만 백성은 모두 자신이 저절로 그러하였다고 말한다.

이처럼 노자가 권하는 무위無爲 정치는 수탈과 재분배라는 교환 관계가 활발해져서 백성이 더 이상 수탈을 폭력이나 강제로 받아들이지 않게 된 상황을 의미한다. 그것은 마치 누군가 무엇을 뇌물로 주었는데 그것을 모르고 선물로 착각해서 그 대가로 반드시 무엇을 보답해야 한다고 생각하는 것과 같다. 결국 노자의 무위 정치는 통치자의 처지에서 보면 가장 이상적인 통치다. 그것은 피통치자의 '자발적인 복종spontaneous submission'을 강제할 수 있기 때문이다. 이처럼 국가가 재분배를 성공적으로 수행하면, 피통치자는 그 대가로 국가를 위해 전쟁에 나가 목숨을 바친다거나 국가가 세금을 거두기 전에 먼저 알아서 세금을 낸다. 피통치자는 그렇게 하면 그것이 반드시 자신을 위해서 재분배된다고 믿기 때문이다.

한마디로 필연적이고 안정적이어서 믿을 수 있는 교환 관계가 국가 안에서 확립되는 것이다.

앞에서 살펴본《노자》제61장에는 놓칠 수 없는 흥미로운 구절이 있다. 그것은 노자가 통치자를 네 유형으로 분류한 부분이다. 노자는 통치자의 유형에 대한 분류 기준으로 피통치자가 통치자를 어떻게 생각하는지를 염두에 두었다.

첫 번째 단계는 수탈과 재분배의 교환 논리가 철저히 작동해서 마치 작동하지 않는 것처럼 보이는 단계, 즉 수탈과 재분배의 교환 논리에 따라 수행되는 무위 정치의 단계다. 이때 피통치자는 마치 자신이 자신의 본성의 발현[自然]인 것처럼 알아서 국가에 복종한다. 따라서 이 경우에는 군주가 있기는 하지만 작용하지 않는 것처럼 보인다. 여기에서는 수탈과 재분배의 논리가 완전히 은폐되어 국가가 마치 유기적인 전체인 것처럼 작동한다.

두 번째 단계는 재분배만이 부각되는 단계, 즉 통치자를 아버지처럼 기리고 따르는[親譽] 단계다. 이때 피통치자는 군주가 베푼 은혜를 알고 의식적으로 그것을 갚으려고 노력한다. 따라서 완전히 자발적인 복종 단계는 아니다. 부모님의 은혜를 알고서 효도하는 자식처럼, 피통치자는 군주가 자신에게 은혜를 베풀었기에 그 대가로 그에게 무엇인가 제공한다. 이때는 수탈과 재분배의 논리 가운데 재분배의 은혜로움만이 드러나지 수탈의 논리는 드러나지 않는다.

세 번째 단계는 수탈만이 부각되는 단계, 즉 통치자가 강하게 수탈을 강제해서 두려움[畏]을 유발하는 단계다. 이때 피통치자는 비록 그것으로 재분배가 가능해진다고 자신을 위로하더라도 수탈이 두렵고 무섭다고 생각한다. 따라서 수탈과 재분배의 국가 논리가 통치자와 피통치자에게 완전히 드러나 있다. 국가가 압도적인 공권력으로 이 논리를 관철하기 때문에 피통치자는 두려움을 느끼지만 어쩔 수 없이 수탈을 참아낸다.

네 번째 단계는 수탈과 재분배의 논리가 완전히 피통치자에게 드러났지만 이것을 시행할 만한 공권력이 없는 단계다. 즉 통치자가 확실하고 유효한 공권력도 없으면서 수탈을 자행해서 오히려 피통치자에게 모욕[侮]을 당할 수 있는 단계다. 이때 피통치자는 국가와 통치자를 두려워하기는커녕 모욕한다.

여기서는 국가가 원초적으로 무엇으로 지탱되는지 가장 잘 보여주는 네 번째 단계가 중요하다. 국가와 통치자는 압도적인 힘이나 폭력의 우위를 전혀 확보하지 못할 때 모욕을 당한다. 물론 이때 통치자는 얼마 안 있어 다른 통치자로 바뀌거나 심지어는 죽임을 당할 수도 있다.

중국의 정치 철학사적 논의는 대개 유가와 법가로 나뉘었다. 이것은 1970년대 초 양룽궈楊榮國 등을 중심으로 일어난 공자 비판인 비공批孔 운동에서 비롯되었다. 그는 《홍치紅旗》라는 잡지에 〈춘추전국 시기 사상 영역 내의 두 가지 노선의 투쟁〉1972이라는 글을 발표했다. 이 글에서 그는 유가 사상의 복고적인 역사관을 비판하면서 혁신적이고 진보적인 사상으로 상앙과 한비자로 대표되는 법가 사상을 강조했다. 이런 역사 해석 방식을 흔히 유법투쟁사관儒法鬪爭史觀이라고 부르는데, 부정적이든 긍정적이든 후대 연구자들에게 매우 큰 영향을 미쳤다.

그러나 이런 이분법적인 정치 철학적 논의는 기본적으로 노자의 정치 철학이 지닌 고유성을 망각하게 만드는 것처럼 보인다. 앞에서 노자가 말한 네 가지 통치 단계론이 그것을 잘 보여준다. 노자에게 두 번째 단계인 통치자를 아버지처럼 기리고 따르는[親譽] 단계가 바로 유가적 정치 방법을 의미한다면, 세 번째 단계인 통치자가 강하게 수탈을 강제해서 두려움을 유발하는 단계는 다름 아닌 법가적 정치 방법을 의미한다.

결국 노자의 정치 철학적 업적은 유가적 정치 방법과 법가적 정치 방법을 비판적으로 종합했기에 가능했다고 볼 수 있다. 노자의 정치 철학은 유가적 정치 방법에서 재분배의 중요성을 배웠다면, 법가적 정치 방법에서는 수탈의 중요성과 공권력 확보의 중요성을 배웠다고 이해할 수 있기 때문이다. 따라서 노자 철학이 정치 철학적인 관점에서 법가 철학과 유가 철학을 넘어서 이 둘을 비판적으로 종합했다고 말할 수 있다.

이름에 따른 차별

노자가 '수탈과 재분배'의 논리를 국가 안에서뿐만 아니라 '천하'에도 보편적으로 적용된다고 확신했다는 것이 흥미롭다. 이런 확신을 기초로 그는 자기가 말한 '도'의 보편성을 자신했다. 그리고 자신감에 차서 이를 전 우주적인 계기로 확장한 형이상학 체계로 정당화하려고 시도했다.

전국시대라는 갈등과 대립의 시대에 노자는 일관된 논리로 안정된 국가와 이를 기반으로 '천하'를 통일할 수 있는 제국을 꿈꾸었다. 그리고 자신의 이런 논리를 이해하고 실현할 수 있는 통치자, '성인聖人＝군주'를 갈망했다. 노자가 권한 '제국의 논리'는《노자》제24장에서 평화로운 광경으로 나타난다.

> 큰 국가는 아래로 흐르는데, (아래는) 천하의 암컷이자 천하가 모이는 곳이다. 암컷은 항상 고요함으로써 수컷을 이긴다. 암컷은 고요하기 때문에 마땅히 아래에 있게 된다. 큰 국가가 작은 국가 아래에 있게 되면 작은 국가를 취할 수 있다. 작은 국가가 큰 국가 아래에 있게 되면 큰 국가가 받아들이게 된다. 이처럼 아래에 있음으로써 취하게 되는 경우가 있고 아래에 있음으로써 취해지는 경우가 있다. 그러므로 큰 국가는 단지 작은 국가를 통합하여 기르려고 하고, 작은 국가는 큰 국가에 병합되어 섬기려고 한다. 양자가 모두 원하는 것을 얻으려고 한다면, 큰 것이 마땅히 아래에 있어야만 한다.

여기서는 어렵지 않게 '큰 국가[大邦]'와 '작은 국가[小邦]' 사이의 논리에, 통치자와 피통치자 사이에 있던 수탈과 재분배의 논리가 그대로 적용된다는 사실을 확인할 수 있다. 노자에게 진정한 통치자는 '남는 것이 있는데도 자연의 법칙을 본받아 그것을 부족한 사람에게 줄 수 있는 사람'이었다. 이와 마찬가지로 전쟁의 와중에 휘말려 있는 국가를 통일할 진정한 큰 국가는, '작은 국가의 아래에 있게 되면 작은 국가를 취할 수 있는[以下小邦, 則取小邦]' 국가다. 작은 국가의 아래에 있다는 것은 작은 국가를 수탈하기에 앞서 작은 국가를 보호해준다는 것을 의미한다. 이것은

마키아벨리Niccolo Machiavelli, 1469~1527가 말한 사랑의 방식을 적용한다
는 말이다.

　그러나 여기서 놓치지 말아야 할 것이 있다. 진정한 통치자가
재분배하기 이전에 '남는[有餘] 사람'인 것과 마찬가지로, 제국의
논리에서도 이미 '큰[大]국가'가 있어서 국가 사이에 원초적으로
불평등한 상태가 전제되어 있다는 사실이다. 노자의 논리에는
압도적인 무력과 이에 기반을 둔 수탈이 이미 전제되어 있다. 그
러나 노자는 큰 나라와 작은 나라가 모두 원하는 것을 얻는다는
아름다운 그림으로 자신의 '제국의 논리' 또는 '중국 통일의 원
리'를 마무리했다. 《노자》 제76장에는 다음과 같은 중요한 주장
이 실려 있다.

　　도道가 영원히 이름이 없고 소박해서 작아 보인다고 해도 이 세상의
　　그 누구도 감히 도를 신하로 삼을 수 없다. 통치자가 이것을 지킬 수
　　만 있다면 만물은 스스로 와서 복종할 것이고, 하늘과 땅은 부합되어
　　단비를 내릴 것이다. 이렇게 되면 백성은 명령을 내리지 않아도 알아
　　서 고르게 될 것이다. 처음부터 통치 체계에는 이름[名]이 존재한다.
　　이름이 이미 있다면 멈출 줄 알게 된다. 멈출 줄 아는 것이 위태롭지
　　않게 되는 이유다. 도가 천하에 있는 것은 마치 작은 계곡이 강이나
　　바다와 맺는 관계와 같다.

　노자는 '처음부터 통치 체계에는 이름이 존재한다[始制有名]'라
고 말하면서 자신의 철학 체계의 핵심 가운데 하나가 '이름[名]'
이라는 것을 명확히 한다. 여기서 '이름'은 기본적으로 구분과

분별을 가리키는 말이다. 따라서 '명'은 정치적으로 말해서 통치자와 피통치자라는 근원적인 위계성을 가리킨다. 공자도 자신의 정명正名 논의를 '군주는 군주답고, 신하는 신하답고, 아버지는 아버지답고, 아들은 아들답다[君君臣臣父父子子]'라고 표현하지 않았던가? 이런 정치적 위계성이 근본적인 부등가 교환을 가리킨다면, 노자의 도는 등가 교환을 상징한다고 할 수 있다. 그렇기 때문에 노자의 도는 그의 말대로 '무명無名', 일체의 위계성과 부등가성이 없는 것처럼 보인다. 그러나 중요한 것은 '무명'으로서 '도'는 근본적으로 오직 '유명'으로서의 위계성에 근거해 있다는 점을 잊어서는 안 된다.

노자의 '도' 논리는 '명名'의 세계를 '무명無名'의 세계로 만드는 논리가 아니다. 노자는 피통치자가 '도'의 논리를 수행하는 군주에게 환호성을 지르면서 몰려들어 자발적으로 복종하는 사태를 서술했기 때문이다. 그런데 통치자는 자신이 피통치자와 동등한 관계라고 오해해서는 안 된다. 자신의 절대적 위상을 확보하지 못한 통치자는 위기에 빠지기 때문이다. 반드시 군주는 차별적인 위계성을 준수해야만 한다.

> 이름이 이미 있다면 멈출 줄 알게 된다.
> 멈출 줄 아는 것이 위태롭지 않게 되는 이유다.

이 말은 통치자에게 근본적인 어떤 것을 가르쳐준다. 이것은 작은 냇물과 큰 바다 사이에 물이 흐르는 이유가 작은 냇물과 큰 바다 사이의 고도 차이 때문이라는 것을 일깨워준다. 작은 냇물과 큰 바다가 존재론적 위상을 같이한다면, 물은 바다로 흘러들어갈 수 없다. 그래서 노자는 '도가 천하에 있는 것은 마치 작은 계곡이 강이나 바다와 맺는 관계와 같다'고 비유했다.

이와 마찬가지로 군주 역시 자신과 신하, 자신과 백성들 사이의 이름[名]에 따른 사회적 지위의 차별과 다름을 끝까지 고수할 수 있어야만 성공한다.

노자가 꿈꾼 작은 국가의 실체

마지막으로 노자 철학의 정치적 함축에 대한 오해 하나를 더 살펴보겠다. 그것은 노자가 말한 '소국과민小國寡民'의 정치적 이념의 해석과 관련된 것이다. 먼저 이 글이 나오는《노자》제30장을 선입견 없이 읽어보도록 하자.

국가를 작게 하고 백성을 적게 하라[小國寡民]. 사람의 힘보다 열 배나 백 배 더 일할 능력이 있는 사람이 있더라도 그를 등용하지 않고, 백성에게 죽음을 무겁게 여기고, 거주지를 옮기는 일을 멀리하도록 한다면, 수레와 배를 가지고 있어도 그것을 타지 않으려고 할 것이고, 갑옷과 무기를 가지고 있어도 그것을 벌려놓지 않을 것이다. 백성이 새끼줄을 묶어 기억을 돕는 방식으로 돌아가게 해서 이 방식을 사용하게 하면, 백성은 음식을 달게 여길 것이고, 의복을 아름답게 여길 것이고, 풍속을 즐거워할 것이고, 거처를 편안하게 여길 것이다. 이웃 나라와 서로 볼 수 있고 닭과 개가 우는 소리가 들릴 정도로 가깝다고 하더라도, 백성은 늙어 죽을 때까지 서로 왕래하지 않을 것이다.

사람들은 노자가 거대한 제국 정치를 반대하면서 유토피아적 소규모 공동체를 지향했다는 증거로 '소국과민'이라는 개념을 자주 인용한다. 노자가 소박한 원시 공동체 사회, 자율적으로 운용되는 작은 정부를 꿈꾸었다는 것이다. 그러나 '소국과민'이 등장하는 구절을 읽어보면, 노자가 그렇게 단순한 주장을 하지 않았다는 점을 알 수 있다. 오히려 관심을 끄는 것은 통치자가 행해야 하는 다음과 같은 세 가지 정책이다.

1. 능력 있는 사람을 등용하지 마라.
2. 백성이 죽음을 무겁게 여기고 거주지를 옮기지 않게 해라.
3. 문자를 사용하지 않게 해라.

여기서 우리는 소국과민을 내세운 소세계가 자율적인 피통치자의 공동체가 아니라는 것을 알 수 있다. 소국과민의 소세계는 통치자의 인위적인 폐쇄와 단절 정책으로 구성된다. 전국시대 국가를 유지하는 데 필요한 세수稅收나 무력武力의 원천이 농민이었다는 점을 상기하자. 그러니 통치자의 정책은 기본적으로 농민의 이농 현상을 막는 데 중점을 둘 수밖에 없었다.

노자가 통치자에게 권고한 세 가지 정책은 모두 농민이 농민으로서 자신의 생업에 안정적으로 종사하게 하는 것을 목적으로 한다. 이 가운데 둘째 정책은 소박한 원시 공동체나 목가적 향촌 공동체라는 이미지와는 전혀 맞지 않는다. 통치자가 농민의 생명을 위협함으로써 농민이 자신이 속한 향촌에 머물도록 강제했기 때문이다.

나머지 두 정책도 기본적으로 국가 권력의 원천적 근원이라고 할 수 있는 농민의 이농현상을 막기 위해 추진한 것이다. 능력 있는 사람을 등용하면, 농민 가운데 일부가 농업이 아닌 학문이나 무예를 익혀 출세하려고 할 것이다. 첫째 정책은 이것을 근본적으로 방지할 수 있다. 문자는 육체노동에 반하는 정신노동의 상징이다. 따라서 농민에게 문자를 사용하게 한다는 것은, 인문학적 지식의 습득, 창조, 전달이라는 정신노동을 그들에게 허용한다는 뜻이다. 셋째 정책은 이것을 방지해 농민이 농업이라는 육체노동을 계속할 수 있게 하려는 것이다.

노자의 '소국과민'이라는 정치이념에는 통치자의 강력한 지배 의지가 함축되어 있다는 사실에 주목해야 한다. 노자가 통치자에게 권한 정책의 결과는 물론 겉으로 보면 평안하고 질박하기까지 한 시골 마을의 풍경이다. 사람들은 바로 이것에 현혹되어 노자의 정치 이념이 목가적 공동체, 원시 공동체를 이루는 것이라고 오해했다. 그러나 평안하고 질박한 풍경 뒤에는 통치자의 강력한 통치권 행사가 숨어 있다는 사실을 잊지 말자. 피통치자의 자유로운 이동을 막고 문자를 통한 반성적 사유와 이론적 대화 능력을 근본적으로 없애려는 정책이 어떻게 문명에 저항하는 '작은 정부'나 '유토피아적 원시 공동체'와 들어맞을 수 있을까?

노자의 '소국과민' 정책을 보면, 진秦나라 효공孝公 때 상앙이 실시한 변법變法 개혁을 떠올리지 않을 수 없다. 상앙은 피통치자를 십오제什伍制라는 연좌제로 묶으려고 하였다. 상앙은 일반

백성 다섯 명을 '오伍'로, 열 가족을 '십什'으로 두는 '십오제'를
실시함으로써 모든 범죄나 '십오'에서 벗어나려는 저항 행위에
대해 연대 책임을 지게 하였다. 그가 이렇게 피통치자를 연좌제
로 묶어서 시골 마을을 떠나지 못하게 한 이유는 무엇일까? 그
도 노자와 마찬가지로 국가 권력의 원천은 농민이라는 사실을
통찰했기 때문이었다.

비워야만
채울 수 있다

**그릇은 비어 있을 때만
쓸모가 있다**

노자의 정치 철학은 심오한 통찰을 담고
있다. 하지만 뜻밖에도 간단하게 정리할
수 있다. 즉 국가가 영속적으로 기능하고 한 국가가 제국이 되기
위해서는 기본적으로 '수탈과 재분배'라는 교환 관계가 원활히
작동해야 한다는 것이다. 노자는 이것을 단순히 전달하는 데 그
치지 않고 형이상학적으로 정당화하려고 하였다. 노자가 어떻게
자신의 정치 철학을 형이상학적으로 정당화하는지 살펴보기 위
해서, 먼저 비교적 쉬운 《노자》 제55장을 살펴보자.

바퀴살이 한 바퀴통으로 모이는데 바퀴통 속에 아무것도 없기 때문
에 수레의 작용이 있는 것이다. 진흙을 이겨서 그릇을 만드는데 그릇
속에 아무것도 없기 때문에 그릇의 작용이 있는 것이다. 방을 만들려
고 방문과 창문을 뚫는데 방문과 창문 안에 아무것도 없기 때문에 방

의 작용이 있는 것이다. 그러므로 있음이 이로움을 주는 것은 없음이 작용하기 때문이다.

노자에 따르면 모든 개체는 고립적이고 자족적인 실체가 아니다. 그들은 모두 타자와 관계를 맺으면서, 더 정확하게 말하면 관계를 맺을 수 있기 때문에 의미가 있다. 가득 차서 아무것도 채울 수 없는 그릇은 이제 더는 그릇일 수 없다. 어떤 사람도 들어갈 수 없이 가득 차 있는 방은 이제 방이라고 할 수 없다. 따라서 그릇은 다른 것을 담기 위해서 무엇보다도 먼저 비어 있어야 한다. 방은 사람이 들어가기 위해서 무엇보다도 먼저 비어 있어야 한다.

노자는 개체에 내재한 관계의 잠재성을 '무無'라고 하였다. 즉 그릇이나 방은 '규정적인 측면 또는 감각 가능한 측면[有]'과 '무규정적인 측면 또는 감각 불가능한 측면[無]'으로 설명할 수 있다. 여기서 무를 무규정적이라고 설명한 이유는 무엇일까? 바로 비어 있는 그릇이나 방이 나중에 어떤 것을 담게 될지 미리 알수 없기 때문이다. 이 점에서 그릇이나 방의 비어 있음 또는 '무'는 감각적인 인식이나 합리적인 사유로 확인할 수 있는 것이 아니다.

노자는 모든 개체가 이 세계에 존재하기 위해서 반드시 감각적으로 보이지 않는 '무'의 계기를 지니고 있어야 한다고 보았다. 이런 그의 생각은 《노자》 제4장에 명확하게 정리되어 있다.

'돌아간다[反]'는 것은 도가 작동한다는 것이고, '유연해진다[弱]'는 것은 도가 작용한다는 것이다. 이 세상의 모든 개체는 유有에서 그리고 무無에서 발생한다.

이 글은 '돌아간다는 것은 도가 작동한다는 것이고, 유연해진다는 것은 도가 작용한다는 것'이라는 아리송한 말로 시작한다. 앞에서 살펴본 노자의 그릇의 비유를 다시 생각해보자. 그러면 이 글을 쉽게 이해할 수 있다. 그릇에 물이 채워진다면, 그것은 '물그릇'이라고 규정된다. 그런데 이제 그릇이 자신이 담고 있는 물을 버리기를 거부해서 물그릇으로 계속 남아 있으려고 한다면, 그릇은 더는 다른 것과 관계를 맺을 수 없게 된다.

물을 담은 채로 얼어버린 물그릇을 생각해보자. 이 사태를 쉽게 이해할 수 있다. 다른 것과 관계를 맺기 위해서 물그릇은 자신이 갖고 있는 물을 비워야 한다. 즉 '무'의 계기를 활성화해야 한다. 그것이 바로 '돌아간다[反]'는 말과 '유연해진다[弱]'는 말의 의미다. 물그릇이 '돌아간다'는 것이 처음 만들어진 대로 빈 그릇으로 '돌아간다'는 의미라면, 물그릇이 '유연해진다'는 것은 얼어버린 물을 비울 수 있도록 녹인다는 의미다.

처음 만들어진 대로 비어 있는 상태로 돌아가야만 그릇은 모든 것과 관계할 수 있는 본래의 잠재성을 회복할 수 있다. 그렇게 되었을 때에만 그릇은 물그릇에서 술잔으로, 술잔에서 다른 잔으로 바뀔 수 있다. '유'라는 존재 원리는 어차피 '무'라는 최종적 원리에 종속된다. 따라서 모든 개체는 '유'의 계기를 존속하기 위해서 '무'라는 최종적 원리에서 그 힘을 얻어야 한다.

지금까지 읽은 글은 노자의 형이상학을 직관적으로 이해하려면 반드시 알아두어야 하는 것이다. 따라서 논의를 더 진행하기 전에 노자의 생각을 정리해둘 필요가 있다. 첫째, 모든 개체[萬物]는 기본적으로 유有라는 존재 원리와 무無라는 존재 원리를 통해 존재한다. 둘째, '유'는 '무'와 마찬가지로 현실적 개체에 선행하는 존재 원리라는 점에서, 유의 존재론적 위상과 현실적 개체의 존재론적 위상을 혼동하지 말아야 한다. 쉽게 이해하기 위해 앞에서 설명한 그릇의 비유를 다시 생각해보자.

눈에 보이는 물그릇은 기본적으로 '그릇'과 '물' 그리고 '비어 있음'이라는 세 요소로 나누어 설명할 수 있다. 여기서 '물그릇'은 '현실적 개체[物]'를 상징한다. '아무것도 담고 있지 않은 그릇'은 '유'를, '그릇의 비어 있음'은 바로 '무'를 상징한다. 따라서 '물그릇'을 '그릇'과 혼동해서는 안 되는 것처럼, 현실적 개체를 '유'라는 범주와 혼동해서는 안 된다. 뒤에서 자세히 살펴보겠지만 '명名'이라는 존재 원리는 기본적으로 '유'라는 존재 원리와 같다. 그런데 사람들은 대부분 노자가 '명'에 대해 부정적으로 생각할 것이라는 잘못된 선입견을 가지고 있다. 그러니 그들은 노자가 '유'에 대해서도 부정적으로 생각할 것이라고 본다. 그러나 노자는 '물그릇'이 물이 아닌 다른 것을 채우려면 반드시 비어 있어야 한다고 주장했지 '그릇' 자체를 아예 없애자고 한 것이 아니다.

있음과 없음의 사이

노자의 형이상학 체계는 개체에 선행해서 두 가지 존재 원리가 있다는 간단한 생각에서 출발한다. 그런데 이 두 가지 존재 원리는 각각 개체의 서로 다른 경향성을 추상화해서 나중에 구성한 것이라고 볼 수 있다. 모든 개체는 기본적으로 자신을 보존하려는 경향과 타자에게 필연적으로 의존해야 한다는 서로 다른 경향을 동시에 가지고 있다. 모든 개체가 그렇듯이 인간도 독립적이고 자존적인 실체가 아니다. 이 말은 인간은 자신의 힘으로 존재를 유지할 수 없다는 뜻이다. 인간은 자신을 유지하기 위해서 반드시 타자와 어떤 관계를 맺어야 한다.

그러나 이것은 얼마나 역설적인 상황인가? 타자와 관계를 맺어야만 자신을 유지할 수 있다니! 그러나 인간이 음식을 먹지 않으면 삶을 영위할 수 없다는 것만큼 분명한 진리가 어디 있을까! 자신을 유지하려는 개체의 경향을 추상화한 존재 원리가 '유有'라면, 타자와 관계를 맺어야 한다는 필연성을 추상화한 존재 원리가 바로 '무無'이다.

그래서 '유'라는 원리가 관계를 맺는 항term의 원리라면 '무'는 그 항이 맺는 관계의 원리라고 할 수 있다. 여기에서 우리는 '유'가 다양성과 식별 가능성의 원리라면 '무'는 관계 가능성과 통일성의 원리라는 점을 추론해낼 수 있다. 이런 통찰로 노자는 자신의 형이상학 체계를 거대하게, 때로는 과장되게 구성할 수 있었다. 전문 연구자나 일반인 모두가 노자의 형이상학 체계의 정수라고 믿는 부분이 바로 《노자》 제45장이다.

도道라고 인정되는 도는 영원한 도가 아니다. 명名이라고 인정되는 명은 영원한 명이 아니다. 무명無名은 만물의 시작이고 유명有名은 만물의 어머니다.

이 글에서 짚고 넘어갈 것은 《노자》 제45장에 대한 해석, 어쩌면 노자 철학 전체에 대한 해석에서 잊혀진 것이 하나 있다는 사실이다. 여러 번 강조했듯이 그것은 바로 '유'가 '무'와 마찬가지로 개체에 선행하는 중요한 존재론적 원리라는 점이다. '유'가 존재론적 원리라는 분명한 사실을 잊을 때, 우리는 오직 '무'의 원리만 존재론적 원리로 주어졌다고 오해할 수밖에 없다. 흥미롭게도 역대 주석가 가운데 가장 탁월하다던 왕필마저 이런 착각에 빠졌다. 바로 이런 착각에서부터 노자 철학의 신비화는 시작되었다. 노자의 이미지는 다양한 세계를 관통하는 일자의 원리로서 '무'를 체험한 신비한 철학자, '영원의 상 아래에서*sub specie aeternitatis' 변하는 세계를 관조한 위대한 철학자로 만들어졌다.

이런 모든 신비화의 관건은 바로 '유'라는 원리, 즉 다양성과 식별 가능성의 원리를 망각하는 데 있다. 중요한 것은 이런 신비화가 결국 '유'의 원리를 가리키는 다른 용어인 '명名'이나 '유명有名'의 중요성을 사유하지 못하게 만들었다는 점이다. 그리고 급기야는 이것이 함축하거나 정당화하는 정치적 위계성의 중요성을 은폐해버렸다.

:: 영원의 상 아래에서

라틴어 sub specie aeternitatis는 영어로 번역하자면 under the aspect of reality 이다. 스피노자의 존재론에서 사용된 개념으로, 변화하는 현상에서 독립된 보편적이고 영원한 진실이 무엇인가를 결정하는 기준점을 의미한다.

사람들은 '유'와 '명'을 무시하거나 중요하지 않은 것으로 간단히 처리하고 만다. 그러나 원문을 읽어보면, 분명 노자는 '유명'을 '무명'과 마찬가지로 개체[萬物]의 존재 원리라고 사유하고 있다.

> 무명은 만물의 시작이고 유명은 만물의 어머니다.
>
> 無名萬物之始也, 有名萬物之母也

철학적으로 생각하고 판단을 내려보자. 그러면 문제는 더욱 분명해질 것이다. 이렇게 다시 한 번 질문해보자.

> 유명은 '만물에 존재론적으로 앞서는가',
> 아니면 '만물에 존재론적으로 뒤지는가?

노자에 따르면 분명히 유명은 만물보다 앞서는 존재 원리다. 그러나 무명과 유명 사이에는 분명 미세한 존재론적 차이가 있다. 무명은 만물의 기원[始]에 해당하는 존재 원리이며, 유명은 만물의 기원인 동시에 그것을 길러주는 존재 원리로 사유된다. 유명이 결코 무시할 수 없는 존재 원리라는 점을 인정하면, 이 구절 앞에 오는 '도가도비항도' 道可道非恒道'라는 구절 때문에 부당

:: 도가도비항도

이 책에서는 1973년 마왕퇴에서 발견된 《노자》의 판본을 기준으로 서술하고 있으나, 대부분의 다른 《노자》 판본에서는 이 '도가도비항도 명가명비항명'이 '도가도비상도(道可道非常道) 명가명비상명(名可名非常名)'으로 돼 있으며, 그 위치도 제45장이 아닌 제1장 첫머리다.

하게 억압되었던 '명가명비항명名可名非恒名'의 중요성을 알 수 있을 것이다.

이제《노자》제45장의 나머지 부분을 읽어보자.

(우리에게) 하고자 함이 항상 없다면 (우리는) 그것의 신비함을 볼 수 있다. 하지만 (우리에게) 하고자 함이 있다면 (우리는) 그것의 밝게 드러남을 볼 수 있다. 두 가지는 같은 곳에서 나와 명은 다르지만 가리키는 것은 같다. 현묘하고 현묘해서 모든 미묘한 것이 나오는 문이다.

노자에 따르면 인간을 포함한 모든 개체는 기본적으로 '무'의 계기와 '유'의 계기를 존재론적 원리로 가지고 있다. 그러나 '무'의 측면에서 개체를 보려 한다면, 기본적으로 '유'라는 경향성을 억누르는 방향으로 사유해야 할 것이다. 그래야 개체를 '무'의 측면에서 볼 수 있기 때문이다. 하지만 '유'의 측면에서 개체를 보려면, '유'의 경향성을 그대로 유지하면서 사유하게 될 것이다. 그런데 '무'의 측면에서 이해한 것이나 '유'의 측면에서 이해한 것은 모두 동일한 개체에서 기원한 것이다. 따라서 우리가 그것을 다르게 구분한다고 할지라도 '유'와 '무'는 동일한 개체의 존재 원리로서 그 개체에 동시에 존재하는 것이다.

이어서 노자는 개체의 충분이유율[*]sufficient reason이 겉으로는 모순적인 것처럼 보이지만 원리적으로는 내

:: 충분이유율

존재하는 모든 것에는 그들이 존재할 수밖에 없는 충분한 이유나 근거가 있다는 원리다. 예를 들면 현대의 불치병인 '암'도 충분이유율에 따르면 그 존재 이유가 반드시 있다는 것이다. 우리가 아직 그 이유를 찾지 못했다고 할지라도 말이다.

적인 관계를 맺고 있는 두 가지 계기, 즉 '유'라는 존재 원리와 '무'라는 존재 원리라는 것을 확인하고 있다. 노자는 형이상학적 체계로 이해할 수 있는 세상의 신비[玄]를 노래하면서 이 구절을 마무리한다.《노자》제45장은 후학들에게 많은 지적 자극을 주었고 수많은 해석을 내놓게 만들었다. 그랬던 만큼 사람들 사이에 널리 회자되었다.

아름다우려면 추해져야 한다

이제 '무'와 마찬가지로 모든 개체의 존재 원리인 '유'의 논리를 파악해보자. 앞에서 논의했듯이 '무'가 기본적으로 관계와 통일의 계기로 개체에 내재하는 존재 원리라면, '유'는 다원성과 식별 가능성의 계기로 개체에 내재하는 존재 원리였다. 그렇다면 노자는 어떻게 개체가 식별 가능한 것으로 드러나는지 논증할 부담을 질 수밖에 없다.《노자》제46장에서 노자는 '명'의 논리에 대해 논증하면서 우리의 궁금증을 풀어준다.

천하 사람들이 모두 아름다운 것을 아름답다고 판단하지만 아름다움이 있는 이유는 추함이 있기 때문이다. 천하 사람들이 모두 선한 것을 선하다고 판단하지만 선함이 있는 이유는 선하지 않음이 있기 때문이다. 있음과 없음은 서로 낳고, 어려움과 쉬움은 서로 완성하고, 긺과 짧음은 서로 드러내고, 높음과 낮음은 서로 채워주고, 전체적인 소리와 부분적인 소리는 서로 부드럽게 해주고, 앞과 뒤는 서로 뒤따르는데, 이것들은 모두 영원하다. 그러므로 성인은 무위無爲의 일에 머물고, 말하지 않는 가르침을 실천한다. 만물이 번성해도 자신이 시작하였다고 여기지 않고, 만물을 위해 행동해도 그들로 하여금 의존하게 하지 않고, 공功을 이루더라도 거기에 거하지 않는다. 오직 자신이 이룬 공에 머물지 않기에 그 공에서부터 떠나지 않을 수 있다.

이 글에는 잊으면 안 되는 정말 중요한 구절이 있다. 바로 '이것들은 모두 영원하다[恒也]'라는 구절이다. 앞에서 다룬 《노자》 제45장의 '명가명비항명'이라는 중요한 구절을 떠올려보자. 이 구절에는 '영원한 이름[恒名]'이라는 개념이 등장한다. 노자에 따르면 모든 개체는 '아름다움과 추함[美惡]' '있음과 없음[有無]' '어려움과 쉬움[難易]' '긺과 짧음[長短]' '높음과 낮음[高下]' 같은 상호 모순적인 개념 짝의 형식으로 이 세계에 드러난다. 어떤 개체가 이 세상에서 우리에게 식별될 수 있으려면, 반드시 상호 모순적인 개념 짝의 한 항을 빌려서 드러나야 한다는 것이다.

이런 상호 모순적 개념 짝의 형식을 간단히 줄여서 '대대待對 형식'이라고 부르자. 대대라는 개념을 구성하는 두 한자를 살펴보면, 앞의 '대待'는 '의존함'을, 뒤의 '대對'는 '대립함'을 의미한다. 따라서 대대 형식은 기본적으로 두 보편 개념이 상호 대립적이면서도 서로 의존하는 관계로 이해할 수 있다.

대대 형식에 대해 좀더 자세히 논의해보자. 예를 들어 '곰'은 '크다[大]'라는 규정을 가지고 이 세계에 존재한다. 플라톤Platon, BC 428?~347?은 이것을 곰은 '큼의 이데아', 다시 말해 '큼 자체'에 '부분으로 참여한다'고 설명할 것이다. 그러나 대대 형식에 따르면 이것은 사실 곰이 홀로 '큼'으로 존재할 수는 없다. 이 개체와 비교되는 토끼라는 다른 개체와 관계하기 때문에 곰은 큰 것으로서 존재할 수 있다. 곰과 토끼의 상호 관계에서 곰은 '큼'으로 대변되고, 토끼는 '작음'으로 대변된다. 이런 동시적인 상호 관계에서 대대 형식은 두 개체를 매개하는 일을 수행한다. 그러나 대대 형식의 논의가 이렇게 단순한 형식에만 그치지 않는 것이 문제다. 왜냐하면 곰은 코끼리와 관계할 때 '작음'으로 드러나고 이와 대조적으로 코끼리가 '큼'으로 드러날 수 있기 때문이다. 결국 세 개체 가운데 코끼리가 가장 크고, 그 다음은 곰, 가장 작은 것은 토끼일 수 있다. 그렇다면 곰이 토끼를 만났을 때 나타난 '큼'은 코끼리를 만났을 때는 도대체 어디로 갔는가?

노자의 '유' 또는 '유명'의 원리에 따르면 곰에게는 '큼'과 '작음'이라는 상호 모순적인 보편자의 쌍, 즉 대대 형식이 이미 내재된 것으로 이해된다. 그러면 어떻게 동일한 곰이 상호 모순적인 두 보편자, 즉 '큼'과 '작음'을 동시에 갖고 있을 수 있을까? 이는 아주 심각한 문제다. 이것은 모순율에 위배되는 것이 아닐까? 이를 해명하기 위해 조금 더 생각을 발전시켜보자.

노자 철학에서 다른 개체, 예를 들면 토끼나 코끼리와 현실적으로 관계하기 전에 곰은 이미 잠재적으로 식별 가능한 범주인 '큼'과 '작음'을 동시에 가지고 있다. 앞에서 살펴본 것처럼 식별과 다양성 또는 개체성의 원리로서 '유명'은 모든 개체를 규정하는 존재 원리이기 때문이다. 그런데 곰은 상호 모순적인 보편자를 동시에 가지고 있기 때문에 다른 개체와 관계하기 전에는 '큰지 작은지' 결정할 수 없다.

곰이 잠재적인 상태에서 동시에 가지고 있는 상호 모순적인 보편자의 사태 또는 상호 모순적인 보편자의 공존 상태를 '상호 모순적 동일성'이라고 부르자. 그러나 곰이 다른 개체와 현실적으로 관계를 맺기 이전에 상호 모순적인 보편자를 동시에 가지고 있다고 하더라도, 이로부터 노자 철학이 모순율을 어기고 있다고 볼 수는 없다. 아리스토텔레스Aristoteles, BC 384~322는《형이상학 Metaphysica》에서 모순율을 다음과 같이 묘사했다.

> 하나의 동일한 것(술어)이 하나의 동일한 것(주어)에 동일한 관점에 따라 동시에 주어지고 또한 주어지지 않는 것은 불가능하다.

모순율의 정의에 따라 노자가 모순율을 어기고 있다면, 노자 철학은 곰이 토끼와 비교해서 '크다'고 식별되는 동시에 '작다'고 식별된다고 주장했을 것이다. 그러나 노자는 결코 이런 식으로 사유하지 않았다. 그는 곰이 토끼와 관계할 때는 '상호 모순적 동일성'을 구성하는 하나의 계기인 '큼'이 현실화되고, 이것과 모순되는 보편자의 계기인 '작음'은 잠재성의 층위에 감추어져 있다고 말한다.

이와 반대로 곰이 코끼리와 관계할 때는 '상호 모순적 동일성'을 구성하는 하나의 계기인 '작음'이 현실화되고, 이것과 모순되는 보편자의 계기인 '큼'은 잠재성의 층위에 감추어져 있다고 말할 수 있다. 이로부터 현실의 층위에서는 노자가 모순율을 절대로 어기지 않았다는 것을 이해할 수 있다. 그러니 노자도 기본적으로 동일성의 철학자에 속한다고 할 수 있다.

여기서 우리가 주목할 것은 노자 철학의 이중적인 구조다. 현실적 층위에서 두 개체 가운데 하나는 '큼'으로, 다른 하나는 '작음'으로 드러난다. 이때 잠재적 층위에서는 반대로 전자는 '작음'을, 후자는 '큼'을 '상호 모순적 동일성'의 흔적으로 감추어서 가지고 있다. 바로 노자의 이런 발상이 '구부리면 온전해질 수 있고 휘어지면 바르게 될 수 있다[曲則全, 枉則正]'는 역설을 가능하게 만드는 논리로 작용한다.

군주만 들으시오

모든 개체는 '상호 모순적 동일성'으로 '무'나 '무명'을 자신의 존재 원리로 가지고 있다. 모든 개체는 '크거나 동시에 작다'고 할 수 있는 것이다. 그러나 특정한 개체가 다른 개체와 만나는 현실에서, 이 개체는 '크다'는 '명'을 부여받거나 '작다'는 명을 부여받게 된다. 현실에서 특정 개체는 크면서 동시에 작을 수는 없기 때문이다. 바로 이 점에서 노자의 두 존재 원리, 즉 '무'의 원리와 '유'의 원리 사이의 드러나지 않은 관계를 파악할 수 있다.

'큼과 작음[大小]'이 함께 공존하는 '상호 모순적 동일성'이 '무'의 원리라면, 현실에서는 '큼'과 '작음'이 구별되어 따로 실현되는 것이 '유'의 원리다. 이제 '무'와 '유'라는 두 존재 원리를 가지고 있는 개체들이 구성하는 전체 세계를 노자는 어떻게 그렸는지 《노자》 제2장에서 살펴보자.

과거에 일자一者를 얻은 것이 있었다. 하늘은 일자를 얻어 맑았고, 땅은 일자를 얻어 안정되었고, 귀신은 일자를 얻어 성스럽게 되었고, 계곡은 일자를 얻어 차게 되었고, 제후는 일자를 얻어 천하의 지배자가 되었다. 그 귀결을 생각해보면 다음과 같이 말할 수 있다. 하늘이 끊임없이 맑고자 하면 찢어질 우려가 있고, 땅이 끊임없이 안정되고자 하면 흔들릴 우려가 있고, 귀신이 끊임없이 성스럽고자 하면 없어질 우려가 있고, 계곡이 끊임없이 채우려고 하면 마를 우려가 있고, 제후가 끊임없이 고귀하려고 하면 거꾸러질 우려가 있다. 그러므로 귀해지려고 한다면 천한 것을 근본으로 삼아야 하고, 높아지려고 한다면 낮은 것을 기초로 삼아야 한다. 이런 이유로 제후는 자신을 '외로운 자〔孤〕', '부족한 자〔寡〕' 또는 '결실이 없는 자〔不穀〕'라고 말한다. 이것은 천한 것을 근본으로 삼는 것이 아니겠는가? 그러므로 많은 수레를 헤아리면 수레가 하나도 없게 될 것이다. 이 때문에 그들은 옥처럼 현란하게 빛나기를 원하지 않고 돌과 같이 안정되기를 원한다.

하늘은 일자一者를 얻어서 하늘의 자리에서 푸르고, 땅은 일자를 얻어서 땅의 자리에서 안정된다. 귀신도 일자를 얻어 귀신의 자리에서 영험함을 발휘하고, 계곡도 일자를 얻어 계곡의 자리에서 많은 물을 모을 수 있다. 군주 또한 일자를 얻어 군주의 자리에서 천하를 다스린다.

노자 철학의 그림에 따르면 개체 내면에 있는 일자의 조화로운 전개는 결국 전체 세계의 조화로운 질서를 낳을 수밖에 없다. 정확히 말해서 노자 철학에서 일자는 미리 설정된 조화로운 세계 질서 자체라고 할 수 있다. 노자에게 세계는 이처럼 아름답게 조화되어 있는데, 이런 조화로운 세계에서 개체는 전체이며, 전체는 개체가 된다.

노자의 표현을 빌리자면 여기서 말한 '개체'가 '유'라는 존재 원리를 반영한다면, '전체'는 바로 '무'라는 존재 원리를 반영한다고 할 수 있다. '개체=전체'라는 주장이 바로 노자 철학을 '제국의 논리'로 기능하게 하는 존재론적 근거가 된다고 할 수 있다.

노자는 상호 모순적인 보편자 가운데 하나가 현실화되면 다른 하나는 잠재성의 층위에 감추어져 있다고 말한다. 또 잠재성의 층위에 머물던 보편자가 현실화되면 이전에 현실화된 보편자는 다시 잠재성의 층위로 '돌아가[反]' 숨는다. 바로 이 점이 노자 철학에 비관론적 분위기를 만들어낸다. 노자 철학에서 개체는 지금 비록 자신이 '크다'고 할지라도 항상 '작아질' 수 있는 잠재성을 가지고 있는 것으로 사유되기 때문이다. 이와 함께 노자 철학의 중요한 특징 가운데 하나는, 상호 모순적 동일성이 실현되는 방식인 대대 형식이 기본적으로 개체의 노력에 따라 다른 방식으로 현실화될 수 있다는 점이다.

> 하늘이 끊임없이 맑고자 하면 찢어질 우려가 있고,
> 땅이 끊임없이 안정되고자 하면 흔들릴 우려가 있고,
> 귀신이 끊임없이 성스럽고자 하면 없어질 우려가 있고,
> 계곡이 끊임없이 채우려고 하면 마를 우려가 있고,
> 제후가 끊임없이 고귀하려고 하면 거꾸러질 우려가 있다.

어떤 것이 끊임없이 맑고자 하고, 끊임없이 안정되고자 하고,

끊임없이 채우려 하고, 끊임없이 성스럽고자 하고, 끊임없이 고
귀하려 한다. 그러면 그것은 찢어지고, 흔들리고, 없어지고, 마
르고, 거꾸러지게 된다. 따라서 모든 개체는 자신이 상호 모순적
동일성, 즉 내재화된 전체에 동시에 참여한다는 사실을 잊지 말
아야 한다.

우리가 소망하는 현실적인 모습, 예를 들어 고귀함을 유지하
려고 한다면, 고귀함 그 자체를 추구하는 형식으로는 결코 그것
을 이룰 수 없다. 그것은 고귀함을 가능하게 하는 다른 비천한
것과 관계하거나 그런 고귀함을 가능하게 하는 잠재적인 비천함
을 유지해야만 가능해진다. 여기서부터 주체의 노력, 자기 수양
을 강조하는 노자 철학의 특징이 유래한다. 따라서 이어지는 구
절에서 노자가 왜 자기 수양이라는 주체의 노력을 강조하는지
쉽게 이해할 수 있다.

> 귀해지려고 한다면 천한 것을 근본으로 삼아야 하고,
> 높아지려고 한다면 낮은 것을 기초로 삼아야 한다.
> 이런 이유로 제후는 자신을 '외로운 자' '부족한 자'
> 또는 '결실이 없는 자'라고 말한다.
> 이것은 천한 것을 근본으로 삼는 것이 아니겠는가?

'높음'과 '낮음', '고귀함'과 '천함'이라는 상호 모순적 보편자는
개체에게 상호 모순적 동일성의 형식으로 함께 들어 있다. 따라
서 어떤 개체에게서 '높음'이 현실화된다면, '낮음'은 상호 모순
적 동일성의 흔적으로 개체 안에 숨어 있다. 군주가 '높고 고귀

한' 사람으로 나타난다면, 그것은 그 군주의 잠재성의 층위에서 '낮고 비천함'이 유지되기 때문에 가능한 것이다. 노자의 이런 논의에는 이상한 종류의 낙관론이 자리잡고 있다는 사실에 주목하자. 그것은 바로 어떤 개체가 높아지려고 한다면 반드시 낮아지려고 노력하기만 하면 된다는 노자의 낙관론이다.

노자의 수양론은 현실적으로 군주에게서, 즉 현실적으로 '높고 고귀하다'고 식별되는 개체에게서 시작된다. 《노자》를 보면 대대 형식과 수양론을 강조한 후, 바로 제후들에게 권고하는 다음과 같은 구절이 나온다.

바로 이런 이유로 제후들은 자신을 '외로운 자',
'부족한 자' 또는 '결실이 없는 자'라고 말한다.
夫是以侯王自謂孤·寡·不穀

여기에 노자 철학의 출발점에 대해 되풀이해서 강조하는 이유가 있다. 대부분 노자의 수양론을 모든 개체에게 적용할 수 있다고 생각해왔다. 그러나 노자는 '낮고 천한' 보통 사람이 어떻게 '높고 고귀한' 사람이 될 수 있을지에 대해서는 전혀 모색하지 않았다. 노자는 '높고 고귀한' 사람이 어떻게 그 '높고 고귀함'을 영속적으로 유지할 수 있을지만을 모색했다. 그러므로 노자 철학의 핵심을 알려고 하는 사람은 다음과 같이 물어보라.

'낮고 천한' 사람이 어떻게 하면
'높고 고귀한' 사람이 될 수 있을까?

　사실 그것은 수양의 문제가 아니라 기본적으로 정치적 혁명의 문제다. 이미 낮고 천한 자리에 있는 민중들이 항상 낮고 천하게 처신하더라도 어느 날 높고 귀해지는 일은 벌어지지 않기 때문이다. 오직 이미 높고 귀한 군주만이 역설적으로 자신을 낮고 천하게 보이도록 함으로써 오랫동안 높고 귀한 자로 남아 있을 수 있다. 노자의 주장이 유독 군주들에게만 유용하고 의미심장했던 이유도 바로 이런 맥락 때문이었다고 볼 수 있겠다.

莊子

대화

TALKING

老子

사마천의 폭탄선언, 그 이후

노자와 장자 그리고 사마천의 가상 토론회

토론 참석자 노자, 장자, 사마천, 사회자

토론 상황 유명한 역사가인 사마천은 노자의 철학과 장자의 철학
이 같다는 취지로 역사책을 쓰게 된다. 그리고 그의 글은 얼마
뒤 교과서에 그대로 실린다. 그런데 장자는 사마천이 자신의 견
해를 잘못 해석했다고 비난하는 기자회견을 한다. 얼마 되지 않
아 노자도 장자와 같은 내용의 기자회견을 연다. 그 내용이 벌써
교과서에 실렸기 때문에 대입 시험을 앞둔 학생들이나 선생님들
은 큰 혼란에 빠지게 된다. 그래서 한 방송국이 논란의 진위를
국민에게 자세히 알려주기 위해 노자, 장자, 사마천을 초대해서
토론회를 열었다.

|사회자| 사마천 선생님이 쓰신 《역사가의 기록史記》이라는 책이

요즘 큰 파문을 일으키고 있습니다. 선생님의 역사책은 이미 학계에서 논란이 된 적이 있습니다. 그렇지만 지금처럼 사회적으로 큰 반향을 불러일으키지는 않았던 것 같습니다. 최근 선생님의 글이 교과서에 실리면서 논란이 커졌다는 것은 여러분도 잘 아시리라 생각합니다. 이 과정에서 특히 중요한 사건은 아마도 장자 선생님과 노자 선생님이 사마천 선생님을 공공연히 비판한 기자회견이었을 겁니다. 특히 사마천 선생님에 대한 장자 선생님의 비판은 너무 심해서, 교과서를 그대로 믿은 학생들이나 선생님들이 지금 매우 당혹스러워하고 있습니다. 그래서 우리 방송국에서는 논쟁 당사자이신 노자 선생님, 장자 선생님, 사마천 선생님을 함께 모셨습니다. 당사자의 의견을 직접 듣고, 논점이 무엇인지 확인하는 것이 아마도 현재의 혼란을 조금이나마 줄일 수 있는 방법이 아닐까 생각합니다. 그럼 먼저 가장 강하게 사마천 선생님의 역사책을 비판하신 장자 선생님의 말씀을 들어보겠습니다.

|장자| 사마천 선생님에 대한 가장 큰 불만은 선생님이 제 사상을 오해하고 있다는 것입니다. 교과서를 보니 제가 '반문명적이고 반사회적이고 자연을 벗 삼아서 정신적인 자유만을 향유하는 사람'으로 그려져 있습니다. 그러나 저는 한 번도 사회를 벗어나서 자연을 벗 삼고 살아가자고 주장한 적이 없습니다. 더군다나 저를 보고 정신적 자유만을 향유했다고 하는데, 이것은 제 생각과 완전히 다릅니다. 그래서 교과서 집필자에게 강하게 항의했습니다. 교과서 집필자는 그런 견해가 모두 사마천 선생님이 지으신

역사책에 근거한 것이라고 해명하더군요. 그래서 저는 사마천 선생님이 쓴 역사책을 직접 살펴보았습니다. 그때까지만 해도 저는 사마천 선생님처럼 식견이 높으신 학자께서 제 사상을 오해하셨을 것이라고는 생각하지 않았습니다. 그러나 제 기대는 그 역사책을 보고 산산이 깨졌습니다. 사마천 선생님께서는 교과서에 실린 것처럼 저를 그렇게 표현하셨더군요.

|사마천| 장자 선생님! 제가 선생님의 사상을 어떻게 오해했다는 것인지 잘 모르겠습니다. 저는 역사가라서 선생님에 대한 주변의 평가나 기록을 참고해서 글을 쓴 것뿐입니다.

|장자| 그럼, 제가 한 가지만 여쭈어보지요. 사마천 선생님께서는 제 글을 모두 읽어보셨습니까?

|사마천| 그럼요. 제 생각에 장자 선생님의 글을 다 읽어본 것 같습니다. 그런데 왜 그런 질문을 하십니까?

|장자| 선생님께서는 제 작품으로 〈어부漁父〉, 〈도척盜跖〉, 〈거협胠篋〉편 등을 역사책에 언급하셨습니다. 그러나 이 글들은 제가 쓴 것이 아닙니다. 이것은 저를 오해한 몇몇 학생이 쓴 것입니다. 선생님께서 제 사상을 제대로 알려고 하셨다면, 〈제물론齊物論〉편이나 〈인간세人間世〉편을 읽어보셨어야 합니다. 그런데 선생님께서는 그렇게 하지 않은 것 같습니다.

|**사마천**| 그러면 제가 오히려 장자 선생님께 묻고 싶습니다. 장자 선생님의 사상을 담고 있다고 주장하면서 선생님의 제자들이 출판한 《장자》라는 책 말입니다. 이 책은 결과적으로 선생님의 이름을 달고 나왔으니, 저뿐만 아니라 다른 사람도 이 책이 선생님의 사상을 담고 있다고 생각할 수밖에 없는 것 아닙니까? 아니면 선생님이 직접 자신의 사상을 담은 책을 쓰시던가요? 이제 와서 학생들 책임이라고 떠넘기시는 것은 선생님답지 않습니다.

|**사회자**| 잠시 논쟁을 멈추는 것이 좋겠습니다. 지금 논쟁이 너무 감정적으로 흐르는 것 같군요. 이번에는 노자 선생님의 말씀을 들어보죠. 장자 선생님께서는 기자회견에서 자신은 노자 선생님에게 배우지 않았을 뿐만 아니라, 노자 선생님의 주장에 대해 비판적이라는 견해를 밝히셨습니다. 이에 대해 노자 선생님께서는 어떻게 생각하시는지 솔직하게 말씀해주시죠.

|**노자**| 저는 아직 장자 선생님의 글을 읽어보지 못했습니다. 그래서 장자 선생님의 사상이 저를 따르고 있는지 아닌지 잘 모르겠습니다. 죄송합니다.

|**사회자**| 그럼 장자 선생님께서 자신의 사상과 노자 선생님의 사상이 어떻게 다른지 설명해주시겠습니까?

|**장자**| 저는 노자 선생님을 뛰어난 정치 철학자라고 생각합니다. 그래서 사마천 선생님도 노자 선생님을 신불해 선생님이나 한비

자 선생님과 함께 다룬 것 같습니다. 잘 아시다시피 신불해 선생님이나 한비자 선생님은 통치자의 처지에서 국가를 통치하는 방법을 고민하신 분들입니다. 저는 노자 선생님이 통치자나 국가의 처지에서 사유하시는 분이라고 생각합니다. 하지만 저는 오히려 전쟁의 와중에서도 어렵게 삶을 영위하는 대다수 민중의 처지에서 사유하고자 했습니다. 제 글을 자세히 읽어보면 아시겠지만, 제가 중시하는 인물은 통치자가 아닙니다. 오히려 제가 애정을 가지고 있는 사람들은 형벌로 다리를 잃은 사람, 목수, 백정 등 하찮게 여겨지는 보통 사람들입니다. 저는 통치자뿐만 아니라 모든 사람이 똑같이 소중한 삶을 살아간다고 말하고 싶었습니다. 사람들은 대부분 자신이 비천하다거나 능력이 부족하다고 생각합니다. 그러나 저는 그런 생각이야말로 통치자들이 만들어놓은 이데올로기이기 때문에 꿈과 같다고 봅니다. 그래서 저는 사람들이 그런 꿈에서 깨어나야 한다고 말한 것입니다.

|사회자| 장자 선생님의 말씀대로라면, 제가 평소에 잘못 생각한 것 같습니다. 지금까지 저는 노자 선생님과 장자 선생님의 생각이 비슷하다고 알고 있었으니까요. 장자 선생님의 말씀을 듣고 노자 선생님이 어떻게 생각하시는지 무척 궁금해지는데요. 한 말씀 하시지요, 노자 선생님?

|노자| 예, 말씀드리죠. 장자 선생님이 그렇게 생각하신다면, 선생님과 제 생각은 출발점부터 다르다고 할 수 있죠. 예나 지금이나 많은 국가가 생겼다가, 어느 정도 시간이 지나면 망한다는 점이

흥미롭습니다. 마치 한낮이 지나면 밤이 슬그머니 찾아오는 것처럼 말이죠. 지금은 전쟁과 갈등으로 얼룩져 혼란스러운 시대입니다. 그러나 이런 시대를 끝내기 위해서는 강력하고 안정된 국가가 반드시 필요합니다. 사실 역사를 보면 혼란은 국가의 힘이 약할 때 초래되는 현상이고, 질서는 국가의 힘이 강할 때 찾아오는 현상이라는 것을 잘 알 수 있습니다. 이 점에서 저는 국가야말로 바로 질서 자체라고 할 수 있다고 강조한 것입니다. 그런데 지금 장자 선생님의 말씀을 들으니, 장자 선생님께서는 국가를 부정적으로 생각하시는 듯합니다. 장자 선생님께서는 마치 군주와 백성을 차별하는 국가가 없어지면, 사람들이 평등한 삶을 누릴 수 있다고 말씀하시는 것 같습니다. 그러나 과연 그럴까요? 혼란은 그 자체로 질서가 없는 상태라는 점과, 질서가 없는 상태는 강력한 국가가 없는 상태라는 점을 선생님께서 한번 생각해보실 필요가 있다고 봅니다. 장자 선생님은 상황을 너무 낙관적으로만 보고 계신 것 같습니다.

|사마천| 그래서 저도 노자 선생님을 신불해 선생님이나 한비자 선생님과 같이 묶었던 것입니다.

|노자| 아니지요. 사마천 선생님께서는 장자 선생님뿐만 아니라 저도 상당히 많이 오해하고 계시는군요. 물론 한비자 선생님 같은 분도 저와 마찬가지로 국가와 통치에 대해 고민하셨던 위대한 정치 철학자이십니다. 특히 한비자 선생님이 제 책을 꼼꼼히 읽으시고 많은 부분 수용하신 것에 대해 저는 무척 고맙게 생각

합니다. 그러나 저는 한 번도 강력한 법法으로써 국가를 강압적으로 다스리라고 말한 적이 없습니다. 오히려 저는 통치자가 항상 민중에게 베풀 수 있어야만 군주 자리를 오래 보전할 수 있고, 나아가 국가가 안정적으로 유지된다고 주장했습니다.

|사회자| 사마천 선생님이 중간에 이야기하시는 바람에 논의의 흐름이 어수선해졌습니다. 지금 저희가 논의하고 싶은 것은 노자 선생님과 장자 선생님의 견해 차이입니다. 사마천 선생님께는 나중에 말씀드릴 시간을 드릴 테니 이해해주십시오. 이제 장자 선생님께서는 노자 선생님의 의견에 대해 어떻게 생각하시는지 말씀해주시죠?

|장자| 국가가 있을 때 질서가 있다고 노자 선생님께서는 주장하셨습니다. 그러나 저는 이렇게 반문하고 싶습니다. 그 질서가 누구를 위해서 존재하는 것입니까? 제가 보았을 때 그것은 통치자나 통치 계층만을 위한 질서, 그들만의 질서일 뿐입니다. 다시 말해 노자 선생님이 말씀하신 질서는 통치자의 압도적인 기득권이 유지되는 것에 지나지 않습니다. 이런 논의에서는 처음부터 많은 사람의 소망이나 기대는 전혀 고려하지 않습니다. 국가가 있어야 질서가 있다는 것은 통치자의 주장일 뿐이지요. 오히려 중요한 것은 국가가 있어서 사람들의 삶이 왜곡된다는 점입니다. 국가가 생긴 뒤 일어난 전쟁의 양상을 한번 보십시오. 대량 살육이 저질러지고 있지 않습니까? 그러나 살육당하는 것은 누군가요? 통치자인가요? 관료인가요? 아닙니다. 전쟁에서 죽어

가는 사람은 대부분 보통 사람입니다.

|노자| 장자 선생님께서는 국가에 대해 편견을 가지고 계신 것 같습니다. 국가가 없다면 누가 국민을 보호해주겠습니까? 국가라는 제도를 아예 없앴다고 합시다. 이때 다른 국가가 공격해 온다면, 누가 그런 위협에서 우리를 지켜줄 수 있겠습니까?

|장자| 제 논점을 오해하고 계시는군요. 두 국가가 있다고 해보죠. 저는 두 국가에서 모두 국가 형식을 제거하자고 주장하는 것이지, 어느 한 국가만 국가 형식을 제거하자고 주장하는 것은 아닙니다.

|노자| 아니 그게 도대체 어떻게 가능한 일입니까? 장자 선생님은 너무 이상적인 주장만 하시는군요. 우리 사회가 국가 형식을 없앴을 때, 다른 사회가 국가 형식을 없애지 않을 수도 있습니다. 그러면 우리 사회는 다른 사회의 노예가 될 것입니다. 저도 국가가 많으면 국가끼리 갈등할 수밖에 없다는 점은 인정합니다. 그러나 이런 국가끼리의 갈등을 막기 위해서 국가 형식을 모두 없애야 한다는 장자 선생님의 주장은 공허하고 사변적인 주장일 뿐입니다. 국가끼리 일어나는 갈등을 막으려면 모든 국가를 통합하는 유일한 국가, 절대적으로 강력한 국가가 있어야 합니다. 즉 전 세계가 하나의 제국이 되는 것이 국가끼리의 갈등을 막을 수 있는 유일하고도 현실적인 방법입니다.

|**사회자**| 이제 노자 선생님과 장자 선생님의 견해 차이가 분명해졌습니다. 그렇다면 사마천 선생님의 말씀에 대한 노자 선생님의 말씀을 이어서 들어보죠. 제 기억으로 사마천 선생님이 역사책을 쓰셨을 때, 노자 선생님을 한비자 선생님과 같이 분류하셨습니다. 그리고 사마천 선생님이 그렇게 분류하신 이유는 노자 선생님이나 한비자 선생님이 모두 국가나 통치자를 중심으로 사유하셨기 때문이라고 합니다. 그런데 노자 선생님은 한비자 선생님과 자신이 함께 묶인 것을 상당히 불만스러워 하셨습니다. 노자 선생님께서 이 점에 대해 자세히 설명해주시기 바랍니다.

|**노자**| 예. 말할 기회를 주셔서 고맙습니다. 저는 국가를 수탈과 재분배의 기관으로 봅니다. 분명 국가는 압도적인 공권력으로 국민에게서 수탈할 수 있는 힘을 가지고 있습니다. 보통 국가가 하는 수탈은 세금이나 강제 징집의 형식으로 이루어집니다. 그러나 국가의 흥망성쇠를 계속 관찰한 끝에, 저는 역대 모든 국가가 몰락할 수밖에 없었던 결정적인 원인을 하나 발견했습니다. 그것은 국가의 몰락을 스스로 불러온 통치자들은 항상 재분배에 인색하고 수탈에만 관심이 있었다는 점입니다. 재분배하지 않고 수탈만 했기 때문에, 통치자의 창고는 가득 찰 수 있었지만 민중은 배를 곯을 수밖에 없었습니다. 결국 민중은 반란을 일으켰고, 얼마 지나지 않아 새로운 통치자가 등장한 겁니다. 저는 여기에서 이런 원리를 파악했습니다. 새로운 국가는 힘으로 등장할 수 있지만, 그 국가가 지속되려면 은혜라는 이름으로 민중에게 원활하게 재분배를 계속해야 합니다. 바로 이 점이 제 정치 철학과

한비자 선생님의 법가 철학의 다른 부분입니다. 그래서 저는 사마천 선생님이 너무 가볍게 저를 한비자 선생님과 같은 부류로 묶었다고 불만을 나타낸 것입니다.

|사회자| 저는 잠시 틈을 내어 사마천 선생님이 수십 년에 걸쳐 쓰신《역사가의 기록》을 넘겨보았습니다. 노자 선생님의 지적처럼 사마천 선생님의 책 내용 가운데〈노자, 장자, 신불해, 한비자 선생에 대한 전기老莊申韓列傳〉라는 부분이 있더군요. 지금까지 노자 선생님과 장자 선생님의 이야기를 들어보아도, 이렇게 네 선생님을 같이 묶을 수 있는 근거가 뚜렷하지 않은 것 같습니다. 사마천 선생님께서는 어떻게 해서 네 분을 같이 묶게 되었는지 그 이유를 말씀해주시면 좋겠습니다.

|사마천| 저는 철학자가 아니라 역사가입니다. 역사가는 기본적으로 사람들의 증언이나 역사적 기록을 가지고 역사를 구성하는 사람입니다. 먼저 노자 선생님의 경우를 말씀드리죠. 솔직히 저는 노자 선생님이 지은 책을 읽어보았지만, 그 취지가 무엇인지 정확히 알지 못했습니다. 그런데 우연히 한비자 선생님이 노자 선생님의 철학을 해석했다는 사실을 알았습니다. 그래서 먼저 노자 선생님과 한비자 선생님을 같이 묶었습니다. 신불해 선생님은 한비자 선생님의 선배 학자이신데, 군주의 통치술에 일가견이 있는 분입니다. 신불해 선생님과 한비자 선생님의 관계로 보아 두 분은 당연히 하나로 묶여야 합니다. 이렇게 해서 세 선생님을 하나로 묶었죠. 장자 선생님은 사정이 조금 복잡합니다.《장자》라는

책에 노자 선생님을 높이 평가하는 부분이 많이 나왔기 때문에 저는 장자 선생님이 노자 선생님의 철학을 따른다고 생각했습니다. 그래서 장자 선생님을 노자 선생님과 하나로 묶었던 것입니다. 결국 이렇게 해서 〈노자, 장자, 신불해, 한비자 선생에 대한 전기〉라는 장이 구성된 것입니다.

|사회자| 다행입니다. 저는 노자 선생님과 장자 선생님의 말씀을 듣고 속으로 사마천 선생님이 혹시 거짓말쟁이는 아닐까 하고 걱정했습니다. 사마천 선생님은 우리나라 역사학계의 최고 권위자가 아니십니까? 사마천 선생님의 논지가 흔들린다면, 역사학계 전체가 흔들리고 나아가 역사학이 흔들릴 수도 있습니다. 지금 사마천 선생님의 말씀을 들어보니, 선생님께서 나름대로 근거를 가지고 역사책을 쓰셨다는 것을 알 수 있었습니다. 끝으로 사마천 선생님께서는 오늘 논의를 기초로 선생님의 책을 수정하실 생각은 없으신지 묻고 싶습니다.

|사마천| 예. 무척 다행스럽게도 저는 오늘 노자 선생님, 장자 선생님과 토론하면서 제가 오해한 부분을 많이 찾을 수 있었습니다. 그래서 제 책을 수정해서 다시 내기로 마음먹었습니다.

|사회자| 시청자 여러분, 저는 오늘 토론으로 혼란이 많이 사라진 것 같아 무척 다행스럽게 생각합니다. 여러분이 보고 들으신 것처럼 노자 선생님과 장자 선생님의 이론은 다른 점이 많습니다. 그래서 노자 선생님과 장자 선생님을 초대해서, 두 선생님의 철

학을 더 깊이 이해해볼 수 있는 시간을 마련할 예정입니다. 끝으로 수십 년에 걸친 자신의 저작을 수정하시겠다는 사마천 선생님의 학자적 양심과 용기에 박수를 보내면서 오늘 토론을 마칩니다. 지금까지 시청해주신 시청자 여러분 그리고 토론에 참여해주신 선생님들께 감사의 말씀을 드립니다. 안녕히 계십시오.

莊子

Chapter 4

😎이슈
I S S U E

老子

노자 철학은 현대 사회의
대안이 될 수 있을까?

동양과 서양을 막론하고 《노자》만큼 다양
하게 해석된 원전도 없을 것이다. 지금까
지 있어온 노자 철학에 대한 서로 다른 이해 방법을 열거해보면
다음과 같다. 중국 법가 철학의 집대성자인 한비자는 통치술에
근거해서 《노자》를 자기 정치 철학의 형이상학적 기초로서 받아
들였다. 순자荀子나 《장자》〈천하天下〉편의 저자는 처세술에 근거
해서 노자가 험난한 세상을 살아가는 개인적 방법을 알려준다고
했다.

중국이 통일된 뒤 한나라의 하상공河上公은 양생술養生術에 근
거해서 노자가 삶을 기르는 방법을 전해준다고 이해했다. 왕필
은 '무無'의 형이상학에 근거해서 어지러운 삼국시대를 통일할
수 있는 이론적 기초로 노자 철학을 받아들였다. 또 덕청德淸 스
님은 유儒·불佛·도道의 회통론에 근거해서 개인의 해탈과 열반

을 도모하는 마음의 수양론으로《노자》를 이해하기도 했다. 이런 다양한《노자》이해를 접하고 당혹감을 느낀 현대의 몇몇 연구자는, 아예《노자》라는 원전이 다양한 사상적 경향이 섞여 있는 '노자학파老子學派'의 백과사전 같은 책이라고 주장했다.

이렇게 과거나 현재의 전문 연구자들이 노자 철학의 성격에 다양한 의견을 제시하니, 이제 보통 사람은《노자》를 어떻게 이해해야 할지 더욱 감을 잡을 수 없게 되었다. 그 가운데 가장 문제가 되는 것은 최근 우리 사회 한편에서 일고 있는 이상한 흐름이다. 그것은 바로 노자 철학이 21세기 문화나 문명을 근본적으로 치료할 수 있는 이론적이고 철학적인 근거가 될 수 있다고 믿는 경향이다. 물론 이런 흐름 속에서 현대 문명의 문제점이라고 지적한 것은 분명히 우리가 풀어야 할 당면 과제다.

현대 문명의 문제점은 자본주의라는 물질문명이 일으킨 여러 가지 병폐다. 왜냐하면 자본주의는 우리 삶을 근본적으로 그리고 가장 강력하게 규정하는 경제 원리이기 때문이다. 자본주의가 우리 삶에 가져다준 문제는 크게 두 가지로 요약할 수 있다.

1. 인간성 파괴 문제
2. 생태계와 환경 파괴 문제

이런 자본주의 물질문명이 일으키는 문제점 말고도 현대 문명의 해결 과제로는 인류 역사상 계속 유지되어온 남성중심주의, 즉 가부장제라는 남녀 간의 뿌리 깊은 불평등 구조 등을 거론할 수 있다.

결국 인간이 바람직하게 살기 위해서 반드시 해결해야 할 현대 사회의 중요한 문제 세 가지는 인간 파괴, 환경 파괴, 남성중심주의이다. 바로 이런 문제를 해결하기 위해 고민하는 사람들은 《노자》에서 해법과 대안을 찾는다. 그들은 인간 파괴나 환경 파괴 현상에 대해서는 '무위자연無爲自然'이나 '소국과민小國寡民'이라는 노자의 주장을 대안으로 제시한다. 그리고 남성중심주의 문제도 남성성보다 여성성을 더 강조하는 노자의 사상이 대안이 될 수 있다고 믿는다.

노자는 남성을 상징하는 '양陽'보다 여성을 상징하는 '음陰'을 강조했다. 이런 노자의 생각은 '신묘한 암컷[玄牝]'에 대한 강조로 이어지기 때문이다. 그런데 이런 사유는 《노자》 81장을 모두 고려한 것이 아니라, 그 가운데 한두 편 또는 한두 개념만을 노자 철학의 핵심으로 여긴다는 점에서 특이한 경우라고 볼 수 있다.

노자가 꿈꾸던 세상

노자 철학을 현대 사회의 근본적 대안으로 생각하는 사람들의 주장을 비판적으로 음미해보면, 그들의 주장에는 크게 두 가지 허점이 있다는 것을 알 수 있다. 한 가지는 그들이 노자 철학을 제대로 이해하지 못했다는 것이다. 그들은 노자가 진정으로 말하려 한 것에는 신경 쓰지 않고, 자신들이 이용할 수 있는 내용만 무리하게 과장해서 강조했다. 그들은 학문적 엄격성이라는 측면에서 볼 때 심각한 약점을 가지고 있다고 하겠다.

그러나 그들의 노자 이해에 학문적으로 약점이 많더라도, 그것이 현대 사회의 어려운 문제를 해결하는 데 근본적인 통찰을 제공할 수 있다면 사정은 달라진다. 그런데 아쉽게도 그들이 믿는 부분적인 노자 사유를 가지고는 현대 사회의 문제점을 해결할 수 없다. 이렇게 보면 최근 유행하는 노자 이해 방식은, 학문적 엄격성이나 이론적 정합성 또는 현실적 유효성에서도 문제점을 많이 드러내고 있다. 이것이 그들의 두 번째 허점이다.

노자 철학을 현대 사회의 대안이라고 보는 사람들의 학문적 엄격성을 구체적으로 검토해보자. 그들의 학문적 허점은 그들이 노자 철학이 어떤 시대적 배경에서, 어떤 문제의식에서 생겼는지 살펴보지 않았다는 것이다. 노자는 춘추전국시대라는 중국 역사상 유례를 찾기 힘든 갈등과 살육의 시대에 살았다. 노자는 이 시대를 풍미한 다양한 사상가, 즉 제자백가의 한 사람이다. 따라서 그의 문제의식도 어떻게 하면 대립과 갈등에 마침표를 찍고 천하를 통일할 것인지에 모아져 있었다.

무엇보다도 노자는 국가의 흥망성쇠에 대해 사유한 철학자다. 그러나 바로 그랬기 때문에 아쉽게도 그는 국가의 발생에 대해서 사유할 수 없었다. 그에게 국가는 이미 주어진 것, 아주 오래 전부터 있었기에 결코 폐기할 수 없는 분명한 현실이었다. 그가 발견한 국가의 논리, 국가와 통치자가 안정적으로 발전할 수 있는 내적인 논리는 바로 수탈과 재분배라는 일관된 교환의 논리였다. 통치자는 안정적이고 원활하게 반복해서 수탈하기 위해 피통치자에게 항상 재분배를 수행해야만 한다.

그러나 마키아벨리의 지적과 같이, 노자 역시 재분배는 사랑의 원리, 즉 선물의 형태로 시행되어야 한다고 강조했다. 바로 이 점과 관련해서 노자의 '여성'에 대한 비유도 함께 생각해볼 필요가 있다. '남성'이 직접적이고 노골적인 수탈을 상징한다면, '여성'은 재분배라는 은혜와 사랑을 상징하기 때문이다.

그러나 잊지 말아야 할 것은 이런 여성적인 재분배가, 군주라는 가장 강한 '남성'이 자신의 권력을 유지하기 위해 채택한 표면적 전략의 하나라는 점이다. 이 말은 결국 노자식의 재분배가 겉으로 보기에는 여성적인 선물처럼 보이지만, 결국은 남성적인 뇌물이라는 것을 말해준다. 그래서 노자는 대가를 바라는 뇌물(수탈)을 마치 선물인 것처럼 포장해야 한다고 역설한다. 오직 이럴 때에만 피통치자는 통치자에게 알아서 자발적으로 복종하기 때문이다.

이렇게 자애로운 군주를 위해서 나는 무엇을 해야 할까?

그래서 '피통치자는 통치자에게 자신이 알아서 복종한 것이라고 말하게 된다[百姓謂我自然].' 바로 이것이 '무위자연'이라는 노자의 유명한 주장의 실제 의미다. 통치자는 '수탈이나 억압이라는 직접적인 통치 행위', 즉 유위有爲의 정치가 아니라 '재분배나 자애로움이라는 간접적인 통치 행위', 즉 무위無爲의 정치를 수행해야 한다. 오직 이런 무위의 정치만이 피통치자가 통치자에게 '알아서 스스로[自然] 복종하도록 만들기 때문이다.

문제의 해법은 '지금 여기'에 있다

자본주의가 일으킨 인간과 환경의 파괴, 아직도 팽배한 남성중심주의 사회 구조는 하루속히 해결해야 할 중요한 과제다. 그러나 노자 철학을 이런 사회 문제의 해법으로 제시하는 사람들은 《노자》에서 두 가지 주장을 임의대로 뽑아냈다.

첫째, 무위나 무욕無欲이라는 노자의 가르침은, 인간의 이기적인 욕심에 따른 자기 파괴와 환경 파괴를 극복할 수 있는 실천적 좌표가 된다고 보는 주장이다.

둘째, 남성성보다 여성성을 강조하는 노자의 가르침은 인간 삶의 근본이 여성적임을 알려주며, 따라서 여성의 해방이 인간 해방의 시금석이 된다는 것을 노자가 통찰하고 있었다고 보는 주장이다.

그런데 이 두 가지 주장은 같은 논리로 구성되어 있다. 그들에 따르면 무위와 무욕이라는 삶의 원칙이 여성성의 논리이자 자연의 작동 원리라면, 반대로 유위나 유욕有欲이라는 삶의 원칙은 남성적 가부장제의 논리이자 물질문명의 작동 원리이기 때문이다.

인간의 자기 파괴나 환경 파괴는 인간의 욕망에서 기원했을까? 아니면 자본주의라는 경제 체계 때문에 생겼을까? 노자 철학을 대안으로 제시하는 사람들은 기본적으로 인간과 환경 파괴 문제가 개인의 과도한 욕망에서 온 것이라고 본다. 그러나 우리는 인간의 과도한 욕망이 자본주의 때문에 만들어지고 증폭되어 왔다는 점을 잊지 말아야 한다. 자본주의는 더 많은 이익을 창출하기 위해 사람들이 더 많이 욕망하도록 만든다. 인간에게 선천적인 욕망이 있기 때문에 소비 대상이 다양하게 필요한 것이 아니고, 소비 대상이 팔려야 하기 때문에 은밀히 인간의 욕망을 길러내는 것이다. 더구나 크게 늘어난 욕망을 모두 채울 수 있는 사람이 전체 인류 가운데 과연 몇 퍼센트나 될까?

아직도 많은 사람이 인간 생명체로서 기본적인 삶을 영위할 수 있는 최소한의 조건마저도 위협받는 상황에서 살고 있다. 이런 상황에서 그들에게 무욕이나 무위를 강요한다는 것이 무슨 의미가 있을까? 결국 무욕이나 무위라는 삶의 원칙은 욕망을 실현할 수 있는 '자본'을 충분히 가지고 있는 사람들에게나 해당되는 말이다.

나아가 이 시점에서 자본주의 체제를 문제 삼지 않고서 과잉 소비로 대표되는 인간의 욕망만을 문제 삼는 사고방식은, 사회민주주의적 관점과 비슷하다. 사회민주주의는 자본주의 생산 체제는 문제 삼지 않으면서 사회적 재분배를 강조하는 복지 정책이나 소비 차원의 시민운동에만 관심을 기울이기 때문이다. 따라서 사회민주주의는 자본주의 논리를 영속화하는 데 가장 큰 도움을 주고 있다.

현대 사회에서 여성의 목소리가 커지고, 아울러 기존의 가부장적 사회제도에 대한 비판이 공공연하게 나오는 이유는 무엇일까? 놀랍게도 그 원인 역시 자본주의가 발전했기 때문이다. 자본주의 경제가 발전하려면 반드시 값싼 노동력이 있어야 한다. 노동력이 싸면 쌀수록 자본가가 취할 수 있는 이윤은 높아진다. 그래서 자본주의 사회는 안으로는 여성을, 밖으로는 외국인을 노동력으로 사용한다. 그러나 이렇게 되면 자본주의의 발전은 전통적인 가부장제와 충돌한다. 자본주의는 여성을 남성과 같이 동등한 노동력으로 인정하려고 하지만, 전통적 가치관은 여성을 가정에 묶어두려는 경향이 강하기 때문이다. 물론 자본주의가 여성을 노동력으로 쓰게 된 이유는, 그들에게 주는 임금이 남성보다 적기 때문이다. 이 점에서 자본주의도 기본적으로 남성중심주의 원리를 그대로 따른다고 할 수 있다.

그러나 자본주의에서는 남성과 여성의 대립이 중요한 것이 아니라, 자본이 있는 자본가와 노동력이 있는 노동자의 대립이 중요하다. 따라서 여성주의feminism가 자본주의를 극복할 수 있는 대안이고 동시에 이것이 노자가 강조한 것이라고 주장하는 사람들은, 자본주의의 내적 문제인 자본가와 노동자의 문제를 남성과 여성의 문제로 간주함으로써 논점을 바꿔버린다. 노자를 우리 시대의 대안이라고 보는 것은, 우리가 해결해야 할 모든 문제가 기본적으로 자본주의라는 생산 양식에서부터 기원한다는 사실을 숨긴다. 자본주의에서 발생한 문제는 바로 자본주의를 숙고함으로써만 해결될 수 있다는 점을 잊어서는 안 될 것이다.

뇌물과 선물,
그 차이는 무엇인가?

노자의 뇌물 전략

빼앗으려고 한다면 반드시 먼저 주어야만 하는데,
이것을 '미묘한 밝음'이라고 한다.

이 구절에서 노자는 자신이 선물의 논리가 아니라 기본적으로
뇌물의 논리에 근거를 두고 사유한다는 점을 명확하게 보여주었
다. 뇌물의 논리는 기본적으로 '교환' 관계를 전제한다. 그런데
그 뒷면에는 비대칭성이 숨어 있다. 상대에게 뇌물로 무엇을 건
넬 때, 그 행위에는 준 것 이상의 대가를 바라는 심리가 전제되
어 있기 때문이다. 즉 노자가 '미묘하고 밝은' 통치술이라고 밝
힌 뇌물 전략은 '투자'의 경제학으로 이해할 수 있다는 것이다.

노자의 '밝지만 미묘한' 전략은 은행의 투자 전략에 비유될 수

있다. 은행은 돈이 필요한 사람에게 돈을 빌려준다. 그렇지만 그것은 은행이 더 많은 돈을 벌기 위해서지 결코 사람들에게 은혜를 베풀기 위해서는 아니다. 이것과 마찬가지로 국가에서 피통치자에게 무엇을 나누어주는 것은 그 이상으로 수탈하기 위해서지 피통치자를 사랑해서 그런 것이 결코 아니다.

그런데 국가는 재분배가 아니라 항상 수탈을 먼저 수행한다. 국가는 먼저 수탈해서 피통치자의 삶에 결핍을 만들어낸다. 그러고 나서 재분배를 시행함으로써 그 결핍을 채워준다. 우리말에 '병 주고 약 준다'라는 속담이 있다. 약을 주면 감사하게 여겨야 한다. 그러나 사실 약을 주는 사람이 병을 만든 그 사람이라면? '빼앗기 위해서 반드시 먼저 주어야 한다'는 노자의 테제에는 매우 중요한 뜻이 하나 더 숨어 있다. 그것은 바로 '주기 위해서는 반드시 먼저 빼앗아야 한다'라는 것이다. 이것은 사실 아주 간단한 경제학 공식이다. 재분배를 수행하기 위해서는 반드시 무엇인가 먼저 있어야 하지 않겠는가?

그런데 재분배는 통치자가 직접 만들어낸 것이 결코 아니다. 그것은 압도적인 폭력을 내세워 남에게서 빼앗아온 것이다. 그렇다면 계속되는 재분배의 목적은 단지 안정된 수탈을 보장하기 위해서다. 노자 당시 수탈의 유일한 대상이 농민이었다는 것을 생각한다면, 국가가 왜 농민을 위해 관개사업이라든지 토지정리 사업 같은 대규모 공적 사업을 시행하였는지 쉽게 이해할 수 있다. 반면에 현대 자본주의 국가에서 세금을 가장 많이 내는 계층이 자본가이기에, 국가에서 가장 보호해야 할 존재도 역시 자본가일 수밖에 없다. 국가는 기본적으로 폭력에 따른 수탈과 재분배 기능을 수행하지만, 은혜와 선물이라는 겉모습으로 다가와야 한다. 은행에서 돈이 필요한 사람에게 돈을 빌려주는 것처럼 자애롭게 재분배를 수행해야 한다. 왜냐하면 은행에서 투자금을 거둬들이는 경우, 채무자 스스로 약속을 이행한다는 겉모양이 유지되어야 일이 원활하게 진행되기 때문이다.

그러나 투자금이 회수되지 않을 때, 은행과 달리 국가 기구는 폭력적 수탈을 실행할 수 있는 공권력을 가지고 있다. 그런데 최종적인 공권력 사용은 계속 미루어야 한다. 왜냐하면 최종적 공권력을 사용하는 순간, 통치자와 피통치자 사이의 유연한 교환관계가 무너지면서 국가는 망할 수도 있기 때문이다. 이것은 '기생의 논리parasitism'를 떠올리게 한다. 기생충은 숙주에게 영양분을 공급받는다. 그러나 기생충은 숙주가 죽으면 함께 죽을 수밖에 없다. 따라서 현명한 기생충은 숙주가 건강하도록 곁에서 잘 돕는다. 현명한 기생충은 기생 관계를 마치 공생 관계인 것처럼 보이게 만든다. 이와 마찬가지로 국가도 최종적이고 파국적인 공권력의 사용을 자제해야 한다. 따라서 남은 문제는 재분배라는 투자 행위가 피통치자에게는 은혜로, 즉 반드시 갚아야 하는 것으로 인식되도록 만드는 것이다.

뇌물과 선물의 차이

뇌물의 논리를 비판적으로 생각해보면 국가의 작동 원리 역시 손쉽게 이해할 수 있다. 먼저 뇌물과 선물의 차이는 무엇일까? 흔히 그 차이는 대가가 있느냐 없느냐에 따라 결정된다. 대가를 바라고 무엇을 제공하면 그것은 뇌물이고, 대가를 바라지 않고 순수하게 무엇을 제공하면 그것은 선물이라고 한다. 그러나 이것의 경계는 생각만큼 그렇게 분명하지 않다.

예를 들면 친구의 생일날 10만 원짜리 옷을 사주었다고 하자. 분명 나는 친구의 생일 '선물'로 옷을 사주었고, 대가 따위는 전혀 바라지 않았다. 내가 10만 원짜리 옷을 사주었으니까 친구도 10만 원 상당의 규모로 생일상을 차려서 나를 대접해야 한다고 생각하지 않았다는 말이다.

그러나 문제는 그렇게 단순하지 않다. 시간이 흘러 내 생일이 다가왔다. 내 생일에 그 친구가 10만 원 상당의 선물을 하지 않는다면, 그때 내 마음은 어떨까? 조금 심하게 말해, 그 친구가 색종이로 종이학 열 마리를 접어서 들고 왔다면 나는 어떤 생각이 들까? 아니면 5천 원짜리 싸구려 시계를 사가지고 왔다면 어떨까? 이때 내가 마음속으로 조금이라도 불쾌하게 여긴다면, 전에 그 친구에게 생일 선물로 준 옷은 선물이 아니라 뇌물이 되고말 것이다.

그렇다면 내가 타자에게 무엇을 받을 때 그것이 과연 선물인지 뇌물인지가 그 순간에 결정될까? 정의상 타자가 나에게 준 것이 선물인지 뇌물인지 알려면, 그에게 대가를 받을 생각이 있는지 없는지 물어보아야 한다. 그러나 내가 타자의 마음을 제대로 알려면, 앞으로 상대방이 어떻게 하는지 보아야 한다. 또는 내가 타자에게 무엇을 줄 때도 그것이 선물인지 뇌물인지가 그 순간에 분명하게 결정될 수 있을까?

내가 선물로 주었다고 하더라도 타자의 대응에 따라 그것은 뇌물이 될 수도 있다. 또한 내가 뇌물로 주었다고 해도 타자의 대응에 따라 그것은 선물이 될 수도 있다. 이처럼 주체와 타자 사이에 오간 것이 선물인지 뇌물인지 결정하는 기준은 확실하게 정해지지 않고 경우에 따라 요동친다.

뇌물의 논리와 선물의 논리를 가르는 기준은 사실 대가에 대한 기대 또는 기억 여부에 있다. 내가 타자에게 무엇을 뇌물로 주었다는 것은, 기본적으로 내가 준 그것에 대한 대가를 항상 기대한다는 뜻이다. 그러나 뇌물을 받은 타자가 뇌물을 받았다는 사실을 기억하지 못한다면, 즉 그 사람이 대가로 나에게 무엇을 주어야 한다는 사실을 잊었다면, 내가 준 것은 역설적이게도 선물이 되고 만다.

반대로 타자가 내게 무엇을 뇌물로 주었다고 해도 내가 그것이 뇌물이라는 사실을 알지 못한다면, 내가 이제 상대에게 무엇을 대가로 주어야 한다는 것을 잊어버렸다면, 상대의 뇌물은 아이러니하게도 나에게는 선물이 된다.

뇌물의 논리를 선물의 논리로

니체Friedrich Nietzsche, 1844~1900에 따르면 뇌물과 선물을 가름하는 기준은 주고받음에 대한 '기억'의 문제로 귀결될 수 있다. 여기서 우리는 교환의 문제에 근거해서 '기억'과 '사유'의 문제를 다룬 니체를 한번 읽어봐야 한다. 이로부터 선물의 논리가 어떻게 가능한지 모색해볼

수 있기 때문이다. 니체는 《도덕의 계보학Zur Genealogie der Moral》1887
에서 다음과 같이 말한다.

> 망각이란 천박한 사람들이 믿고 있듯이 그렇게 단순한 타성력이
> 아니다. 오히려 이것은 일종의 능동적인, 엄밀한 의미에서 적극적
> 인 저지 능력이다. …… 이런 저지 장치가 파손되거나 기능이 멈춘
> 인간은 소화불량 환자와 비교할 수 있다. …… 이런 망각이 필요한
> 동물에게 망각은 하나의 힘, 강건한 건강의 한 형식을 나타낸다.
> 하지만 이 동물은 이제 그 반대 능력, 즉 기억의 도움을 받아 어떤
> 경우, 말하자면 약속해야 하는 경우에 망각을 제거하는 기억을 기
> 르게 되었다. ……
>
> '기억 속에 남기기 위해서는, 무엇을 달구어 찍어야 한다. 끊임없
> 이 고통을 주는 것만이 기억에 남는다.' 이것은 지상에서 가장 오
> 래된 심리학의 중요 명제다. 오늘날까지도 지상에서 인간이나 민
> 족의 생활에 장엄, 진지함, 비밀스러움, 음울한 색조가 있는 어디서
> 나, 일찍이 지상 모든 곳에서 약속하고 저당 잡히고 서약할 때 얼
> 마간의 공포가 영향을 미친다는 사실을 사람들에게 말하고 싶을
> 것이다. …… 인간이 스스로 기억을 만들어야 할 필요가 있다고 여
> 길 때, 피나 고문, 희생 없이 끝난 적은 단 한 번도 없었다. ……
>
> 계약 관계에서 약속이 이루어지게 된다. 바로 이 관계에서 약속하
> 는 자에게 기억하게 하는 것이 문제가 된다. 의심할 수 있는 것은 바
> 로 여기가 냉혹함, 잔인함, 고통을 찾아내는 발굴장이 될 것이라는
> 사실이다. 채무자는 자신이 되갚을 것이라는 약속에 신용을 불러일
> 으키기 위해서, 자신이 한 약속의 진지함과 성스러움을 보증하기

위해서, 자기 자신에게는 상환을 의무나 책임으로 자신의 양심에 새기기 위해서 이렇게 한다. 즉 계약의 효력에 따라 상환하지 못할 경우 채권자에게 채무자가 그 밖에 '소유'하고 있는 어떤 것, 그 밖에 그의 권한 아래 있는 어떤 것, 예를 들면 자신의 육체나 자신의 아내 또는 자신의 자유나 자신의 생명 역시 저당 잡히는 것이다.

기억과 망각! 니체에 따르면 뇌물의 논리와 선물의 논리에는 각각 기억의 논리와 망각의 논리가 깃들어 있다. 니체는, 기억은 기본적으로 채권·채무 관계의 내면화에서부터 기원하는 것이고, 이런 내면화는 항상 폭력으로 가능하다고 본다. 니체가 비록 위의 글에서 함께 지적하지 않았지만, 중요한 것은 항상 채권자가 채무자에게 빚을 지게 만든다는 점이다. 이것은 통치자가 폭력으로 수탈을 감행함으로써 피통치자에게 근원적인 결핍을 만들고, 그 뒤 은혜롭게 수탈한 것을 재분배함으로써 부채감을 만들어내는 것과 같다.

문제는 이 상황에서 피통치자가 절대로 잊어서는 안 되는 것을 잊고, 잊어도 되는 것을 잊지 못한다는 데 있다. 피통치자는 이렇게 말할 뿐이다.

나는 그 대가로 무엇이든 해야 한다!

이것은 현대 자본주의의 논리와 비슷한 면이 있다. 실업이 심화되면 노동자의 임금은 그만큼 싸진다. 따라서 자본가는 자신의 경쟁력의 중요한 요소인 값싼 노동력을 얻을 기회를 갖게 되고, 그에 따라 잉여가치는 증가한다.

의도적으로 실업을 야기하는 것은 자본주의 메커니즘의 내적 논리 가운데 하나다. 그런데도 대량 실업 상태에서 취직이라도 하게 되면 그것을 마치 은혜인 것처럼 받아들인다. 그리고 아주 진지하게 말한다.

나는 나를 취직시켜준 대가로 회사를 위해서
무엇이든 해야만 한다!

이로써 자본주의 메커니즘에 대한 종속은 더욱 심화된다.

니체의 망각은 그냥 단순히 잊는 것을 의미하지 않는다. 그것은 새로운 것을 창조하기 위한 일종의 휴식 또는 충전 같은 것이다. 그래서 니체의 '망각'은 아무것이나 잊는 백치가 되라는 말이 아니다. 니체의 망각은 오히려 새롭고 능동적인 창조적 움직임의 하나로 이해해야 한다. 달리 표현하면 그것은 잊어야 할 것은 잊고 잊지 말아야 할 것은 잊지 않는 결단의 자리에 주체가 서 있다는 것을 의미한다. 그래서 니체는 '망각은 단순한 타성이 아니라 일종의 능동적인, 엄밀한 의미에서 적극적인 저지 능력'이라고 정의했다.

장자 철학에서 비움[虛]이라는 개념이 지닌 중요성도 바로 여기에 있다. 장자에게 비움은 일방적으로 만들어진 허구적 기억과 자의식을 제거한다는 것을 의미하기 때문이다. 그런데 비움[虛]은 깨어남[覺]이라는 긍정적인 계기를 가지고 있다. '비움'이나 '망각'은 시스템으로 만든 주체, 즉 단순한 매체agent를 해체하고 새로운 주체subject를 스스로 구성하기 위해 노력하는 것이다. 새롭게 구성된 주체는 물론 뇌물의 논리에 오염되지 않았을 것이다. 오히려 새롭게 구성된 주체는 선물의 논리를 실현할 것이다. 이 주체는 타자에게 무엇을 주지만, 그 순간 그것으로 행복해하고 자부심을 느끼며 유쾌해하는 주체다.

반대로 이 주체는 타자에게 무엇을 받았을 때 부채감을 느끼기보다는 즐겁고 행복해진다. 누구나 사랑하는 사람에게 무엇을 주거나 받을 때 그것을 뇌물이라고 생각하지 않는다. 뇌물이라고 생각한다면, 연인 관계는 바로 채권·채무 관계로 변질될 수밖에 없다. 그러나 모든 사랑하는 사람이 알고 있듯이, 사랑은 채권·채무 관계에서 가장 멀리 떨어져 있는 것, 오히려 채권·채무 관계를 잊어야만 다가오는 것이다.

서양의 '커뮤니케이션'과
동양의 '소통'은 같은 의미인가?

'소통'은 '疏通'이라는 한자어에서 온 말이며, 이에 해당하는 영어 표현은 '커뮤니케이션communication'이다. 여기서는 먼저 '소통'과 '커뮤니케이션'이 같은 의미인지 검토해보아야 한다. 이런 예비 작업을 통해 동양과 서양의 미묘한 차이를 알게 될 것이다.

먼저 중국을 살펴보면, 중국에서 소통이라는 개념이 철학적인 핵심 범주로 쓰인 적은 별로 없다. 오히려 이 개념은 치수治水사업이나 동양 전통의학과 관련해서 많이 사용되었다.《수경주水經注》(권4) 〈하수河水〉편을 보면 '소통'은 치수 사업할 때 '물길을 터서[疏] 연결한다[通]'는 의미로 쓰였다. 또《유경類經》(권30) 〈기항奇恒〉편을 보면 인체의 병증과 관련해서 '막힌 기를 터서[疏] 연결한다[通]'는 의미로 쓰였다.

그렇다면 서양에서는 어땠을까? '커뮤니케이션'이라는 말은 라틴어 '코뮤니스communis'에서 왔다. '코뮤니스'라는 말은 '공유

된', '일반적인', '공적인'이라는 뜻이다. 이 라틴어의 반대어가 '개별적인' 또는 '사적인'을 의미하는 '프로프리우스proprius'이다. 결국 '커뮤니케이션'은 개별적이고 사적인 개체를 '어떤 공동체에 편입한다'는 의미다.

그런데 여기에서 '커뮤니케이션' 개념에 들어 있는 폭력성이 은근히 드러난다. 왜냐하면 그것은 타자와 적절한 관계를 맺으려는 시도라기보다는 타자를 '자신의 공동체'에 편입시키겠다는 의지를 드러내기 때문이다. 이런 폭력성은 '파문'이라는 뜻의 단어, '엑스커뮤니케이션excommunication'에 잘 드러나 있다. 왜냐하면 타자를 공동체에 편입시키는 것이 불가능하다고 판단되면, 서양에서는 타자를 '공동체community' '밖으로ex' 내쫓았기 때문이다.

바로 이 점에서 동양의 '소통'과 서양의 '커뮤니케이션' 사이에 미묘한 차이가 드러난다. 서양에서는 '공동체'라는 의미를 강조한 반면, 동양에서는 '트다'라는 의미에 집중했기 때문이다. 바로 이 부분이 동양의 소통 논의가 서양의 커뮤니케이션 논의를 넘어서서 자신의 고유성을 드러내는 지점이다.

'연결되기[通]' 전에 먼저 서로 '트임[疏]'이 있어야 한다는 동양의 생각, 이런 발상은 도대체 어떤 논리에서 가능할까? 이것이 바로 우리가 여기에서 깊이 생각해야 할 주제다. 그러나 그러기에 앞서 서양의 커뮤니케이션 논의가 어떻게 발생했으며, 어떻게 전개되어 오늘에 이르렀는지 간략하게 검토할 필요가 있다. 그럼으로써 '트임'이 가미된 동양의 소통 논리의 고유성을 이해할 수 있을 것이다.

서양철학의 커뮤니케이션 논의

우리는 남성과 여성, 문화와 문화, 인간과 자연뿐만 아니라 삶과 죽음에도 소통이 문제가 되는 시대에 살고 있다. 이런 점에서 현대 사회만큼 소통이라는 개념이 사람들 입에 오르내린 적도 없었다. 이것은 반대로 소통이 안 되는 시대에 살기 때문에 우리에게 소통이 절실하다는 것을 말해준다. 이런 절박한 필요에 서양은 어떤 식으로 논의를 전개해왔는지 살펴보자.

타자와 소통하려는 의지는 내가 나 자신의 고립성 또는 유한성을 자각해야 가능해진다. 데카르트René Descartes, 1596~1650의 코기토cogito를 서양의 커뮤니케이션 논의의 출발점으로 삼으려는 것도 바로 이런 이유 때문이다. 그에 따르면 타자를 포함한 모든 것은 회의될 수 있지만 회의하는 나, 다시 말해 생각하는 나로서의 '코기토' 자체는 의심할 수 없이 확실하게 존재한다. 이렇게 그의 논의는 자기의식의 투명성과 타자의 불투명성이라는 틈을 만들었다. 이 틈을 극복하는 일이 바로 데카르트에서 후설Edmund Husserl, 1859~1938에 이르기까지 서양 철학의 해묵은 숙제였다.

나와 타자 사이의 틈이라는 테마는 하이데거Martin Heidegger, 1889~1976에 이르러서 새로운 전기를 맞는다. 그의 저서 《존재와 시간Zein und Zeit 》1927을 보면, 인간은 자신에 대해 투명하게 의식하는 자기의식이라기보다 기본적으로 이 세계 속에서 이미 타자와 연결되어 있는 존재, 즉 '세계 내 존재'라고 규정된다. 그렇다고 해서 하이데거가 자기의식을 부정하는 것은 아니다. 그에 따르면 자기의식을 포함한 의식 일반은 타자와 이미 소통하는 삶의 지평 속에서 타자와의 관계가 제대로 작동하지 않을 때 나타나는 이차적인 것이다.

예를 들면 문이나 문을 열려는 자신을 의식하지 않은 채 자연스럽게 문을 여는 일상적인 경우도 있고, 문을 열려고 해도 열리지 않아 문이나 문을 열려는 자신을 의식하는 예외적인 경우도 있다. 하이데거는 전자를 '손 안에 있음Zuhandenheit'으로, 후자를 '손 안에 있지 않음Unzuhandeness'으로 설명한다. 바로 '손 안에 있음'이라는 개념이 중요한 이유는, 이 개념이 '세계 내 존재'라는 인간 규정의 핵심이면서도, 동시에 나와 타자의 틈을 이차적인 것으로 만들기 때문이다.

우리에게 '손 안에 있음'이라는 친숙한 삶의 세계가 주어져 있는 것은 분명하다. 그러나 하이데거는 이 친숙한 삶의 세계도 결국 타자와 소통함으로써 만들어진 흔적임을 진지하게 생각하지 못한 것처럼 보인다.

이 세계에 처음 던져졌을 때부터 문을 자연스럽게 열 수 있는 사람이 어디 있을까? 이 점에서 하이데거가 주목해야 할 것은 친숙하게 열었던 문이 어느 순간 열리지 않는 문으로 변하는 사태, '손 안에 있지 않음'이라는 사태라고 할 수 있다. 이 사태가 바로 인간에게 낯선 타자가 들어오는 지점을 나타내기 때문이다. 그러나 아쉽게도 그는 '손 안에 있음'에만 관심이 있었다. 이 점에서 하이데거도 타자와의 소통을 심각하게 사유하는 데 실패했다고 하겠다. 커뮤니케이션과 관련된 서양의 논의는 기본적으로 하이데거의 '손 안에 있음'이라는 개념을 긍정하는 데서 이루어진다. 전형적인 사례로, '생활 세계에서 합리적 의사소통'을 강조한 하버마스의 커뮤니케이션 이론을 생각해볼 수 있다.

문제는 하이데거의 '손 안에 있음'이나 하버마스Jürgen Habermas, 1929~의 '생활 세계'에는 공동체라는 목가적이고 낭만적인 낙관주의 또는 토론과 설득이라는 평화주의가 전제되어 있을 뿐 나와 타자 사이의 심연이 함축하는 긴장과 위기라는 역동적 그림이 배제되어 있다는 것이다. 이 점에서 커뮤니티를 지향하는 서양의 커뮤니케이션 논의는 타자와 소통한다는 핵심적인 문제를 교묘하게 피한다고 평가할 수 있다. 손 안에 있어서 이미 친숙한 생활 세계에서 이루어진 소통에는, 진정한 의미의 타자라는 것이 존재하지 않기 때문이다.

동양 철학자 장자가 본 소통의 논리

서양의 커뮤니케이션 논의에서 무엇보다 중요한 것은 '이미 타자와 소통하고 있었음' 또는 '이미 커뮤니티를 구성하고 있었음'을 의미하는 '손 안에 있음'이라는 개념이 함축하는 과거라는 시간성이다. 그런데 바로 이 시간성이야말로 동양의 소통 논리의 특성을 드러내는 '트임[疏]'의 의미를 이해할 수 있는 실마리가 된다. 이제 동양의 소통 논리를 이해하기 위해서 그 누구보다 치열하게 타자와의 소통을 사유한 장자에 대해 살펴보자.

열리던 문이 열리지 않게 된 앞의 사례를 다시 생각해보자. 이때 '타자'는 바로 열리지 않게 된 문, '타자와의 소통'은 이 문을 여는 것에 비유될 수 있다. 논의를 쉽게 하기 위해 다음과 같이 가정해보자. 열리지 않게 된 문은 과거에는 밀어야 열리던 문이었지만, 이제는 당겨야 열리는 문으로 누군가 바꾸었기 때문에 밀어서는 절대로 열리지 않게 되었다. 밀어서 열리는 것에 친숙한 사람이 문을 열 수 있는 방법은 무엇일까? 여기서 먼저 지적할 것은 '밀어야 열린다'는 생각을 버리지 않는 한 이 사람은 결코 문을 열 수 없다는 사실이다.

소통을 진지하게 숙고한 장자는 '어떤 경우에도 밀어야 열린다'는 식의 무의식적인 생각을 '성심成心', 즉 '이루어진 마음'이라고 보았다. 이런 성심을 가지고 타자와 소통하려는 시도는, 당겨야 열리는 문을 계속 밀려고만 하는 어리석음에 비유될 수 있다. 문을 열기 위해서는 성심을 비워내야 한다. 장자가 '비운 마음[虛心]'을 우리에게 권고한 이유도 바로 여기에 있다.

나와 타자 사이에 깔려 있는 깊은 못을 건너기 위해서 무엇보다 저 자신이 가지고 있는 짐을 버려서 가벼움을 확보해야 한다. 성심을 가지고 있다면 무거움 때문에 나와 타자 사이에 놓인 깊은 못으로 추락하는 위험을 겪게 된다.

그래서 장자는 〈인간세〉편에서 이 점을 다음과 같이 멋진 비유로 설명했다. 타자와 소통하는 것은 '날개 없이 나는 방법'이다! 마음을 비우는 것, 친숙한 세계를 버리는 것은 내가 가진 거의 모든 것을 버린다는 의미다. 선입견, 무의식적인 행동을 뿌리째 뽑아야 한다는 장자의 권고는 마치 새에게 날개를 버리라고 권하는 것과 마찬가지로 심각한 것이다. 그러나 장자가 보았을 때 과거와 이렇게 관계를 끊지 않았다면, 우리는 영원히 친숙한 세계에 갇혀서 새로운 삶을 이어갈 수 없게 된다.

기존의 친숙한 세계를 해체해야 타자와 소통할 수 있는 것은, 마치 기존의 물줄기를 새롭게 터야 새로운 물줄기를 만들 수 있는 것과 비슷하다. 동양의 소통 논리에서 '트임[疏]'이라는 개념의 중요성이 이제 분명해진 것 같다. 장자에 따르면 그것은 바로 '비움[虛]'이라는 자기 수양의 운동을 의미한다. 먼저 터서 비워야 한다. 오직 그럴 때에만 타자와 '연결될[通]' 수 있는 가능성을 확보하게 된다.

단순히 말로만 타자와 연결되어야 한다고 떠드는 것은 아무 의미가 없다. 오히려 중요한 것은 어떻게 해야 정말 타자와 연결될 수 있느냐는 물음이다. 이렇게 물을 때 '비움'과 '트임'의 중요성 내지는 '비움'과 '트임'이 얼마나 힘든 자기 수양의 과정을 거쳐야 하는지 이해할 수 있게 된다.

에필로그

Epilogue

지식인 지도

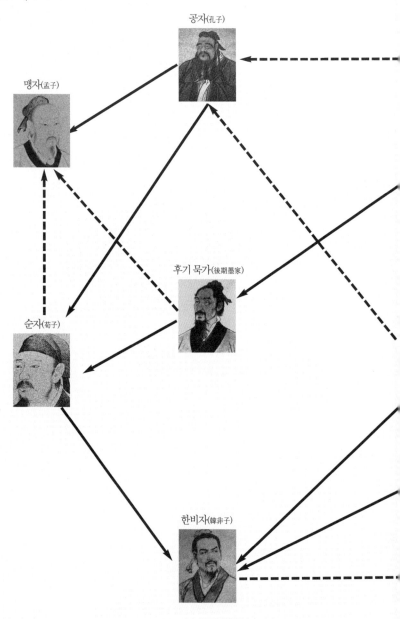

범   례
──────▶   계 승 관 계
- - - - ▶   비 판 관 계

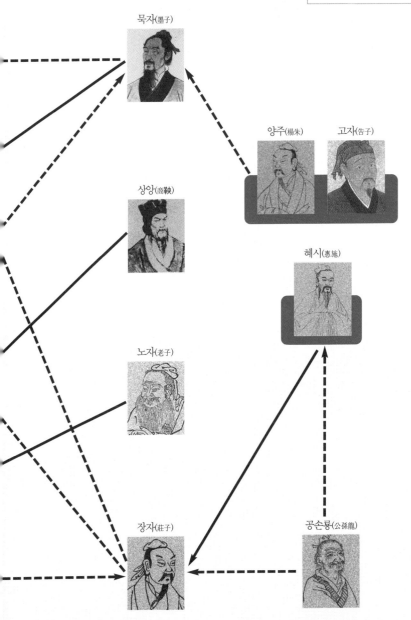

묵자(墨子)

양주(楊朱)   고자(告子)

상앙(商鞅)

헤시(惠施)

노자(老子)

장자(莊子)   공손룡(公孫龍)

지식인 연보

• 노자의 전기

노자는 초楚나라 고현苦縣, 여향厲鄉, 곡인리曲仁里에서 태어났다. 성은 이李씨, 이름은 이耳, 자는 담聃으로, 주나라 문서 보관실의 사관이었다. 공자孔子가 주나라에 가서 노자에게 예를 물은 적이 있다고 한다.

노자는 도道와 덕德을 닦았는데, 그 가르침은 스스로 숨어 이름을 드러내지 않도록 애써야 한다는 것을 강조한다. 그는 주나라에 오래 살다가 주나라가 쇠퇴하는 것을 보고서 주나라를 떠났다. 그가 주나라 국경의 관문에 이르자 관문을 지키는 책임자 윤희尹喜는 다음과 같이 요청했다. "선생님께서는 지금 은둔하려고 하십니다. 저를 위해 책을 저술해주시기 바랍니다."

노자는 상·하 두 편으로 책을 저술하여, 도와 덕의 의미를 5천여 자로 해설한 뒤 떠났는데, 아무도 그가 어디서 죽었는지 모른다.

어떤 이는 노자가 '노래자老萊子'라고 하며 초나라 사람이라고 한다. 책을 15권 지어 도가의 효용을 말했고, 공자와 같은 시대에 활동했다고도 한다. 대개 노자는 160여 세 또는 200여 세를 살았다고 한다. 공자가 죽고 129년 뒤에 주나라 태사太史인 담聃이 진나라 헌공獻公을 만났다고 역사책에 기록되어 있다. 어떤 이는 담聃이 곧 노자라 하고, 어떤 이는 아니라고 한다. 세상 사람들은 그런지 아닌지 알지 못한다. 노자는 은둔한 군자다.

• 장자의 전기

장자는 초楚나라 몽현蒙縣에서 태어났고, 이름은 주周이다. 일찍이 몽蒙의 옻나무 정원을 관리하는 하급 관리를 지냈으며, 양梁나라 혜왕惠王과 제齊나라 선왕宣王 시대의 사람이다. 그의 학문은 관심을 두지 않은 것이 없을 정도로 다양했지만, 요점은 노자의 가르침에 근본을 두고 있다. 10여 만 자에 달하는 저서를 남겼지만 대체로 우화 형식을 띠고 있다. 〈어부漁父〉, 〈도척盜跖〉, 〈거협胠篋〉편 등을 지어 공자를 따르던 사람들을 비방함으로써 노자의 가르침을 밝히려고 하였다. 〈외루허畏累虛〉, 〈항상자亢桑子〉편 등은 모두 허구의 작품으로 사실이 아니다. 그러나 문장을 분석적으로 잘 쓰고, 사실에 들어맞는 일로 유가와 묵가를 공격했기 때문에, 당시 대학자들도 그의 공격에서 벗어날 수 없었다. 그의 말은 큰 바다처럼 호탕했고 아무런 구애 없이 자신의 즐거움만을 추구했기 때문에, 제후나 정치가도 그를 등용할 수 없었다.

【참고사항】 노자와 장자에 대해서는 현재 남아 있는 자료로 구체적인 연보를 구성할 수 없다. 주인공이 제후가 아니라면, 보통 사람의 생애는 대부분 시대순으로 확인할 수 없기 때문이다. 보통 사람이라고 해도, 그 사람이 관직에 있었거나 당시의 정치적 상황에 깊숙이 개입했으면 연보를 확인할 수 있는 경우가 있다. 예를 들어 유학자인 맹자처럼 관직에 나가거나 제후를 수차례 만난 인물에 대해서는 어느 정도 기록이 남아 있다. 그러나 노자와 장자는 이마저도 여의치 않다. 왜냐하면 노자 역시 관련된 자료가 거의 없고, 장자는 사실 아주 조금을 제외하고는 관직과 거리가 멀었기 때문이다. 그래서 《사기》 〈노장신한열전〉에 실려 있는 노자와 장자의 전기로 연보를 대신할 수밖에 없다. 그러나 《사기》의 자료는 구체적인 전기라기보다는 일종의 전설에 해당한다. 이것은 《노자》나 《장자》에 등장하는 두 인물의 개성과 사상을 전혀 반영하고 있지 못하기 때문이다.

키워드 찾기

• **도**道 노자의 도道는 미리 존재하는 실체로 사유된다. 그래서 그는 도가 만물을 낳는다고 말하기도 하고, 도라는 실체를 우리가 회복해야 한다고도 말한다. 그러나 장자에게서 도道는 미리 존재하는 실체가 아니라, 우리가 실천적으로 걸어갔기 때문에 생긴 소통의 흔적이다. 마치 눈길을 걸어갈 때, 우리의 발걸음 뒤에 생기는 발자국처럼 말이다.

• **명**名 도와 마찬가지로 노자는 명名도 만물 이전에 존재하는 원리라고 보았다. 우리가 태어나기 전에 남자와 여자라는 구분이 존재하는 것처럼, 이런 명은 만물보다 앞서 존재한다는 것이다. 그렇지만 장자는 명名을 공동체의 관습 때문에 사용하게 되는 임시적인 구분 정도로 이해한다. 이 점에서 장자의 명名은 유명론唯名論적인 성격이 있다.

• **무**無**와 유**有 노자 사상에서 중요하게 쓰이는 두 범주이다. 개체 차원에서 볼 때 무無가 도道라는 원리를 상징한다면, 유有는 명名이라는 원리를 상징한다. 예를 들어 그릇이 있다면, 이 그릇이 세상에 쓰이는 것을 가능하도록 하는 비어 있음이 바로 무無의 측면이고, '그릇' 자체는 유有의 측면인 것이다.

• **미명**微明 노자의 정치 철학을 상징하는 역설적인 개념이다. '은미한 밝음'이라고 번역되는 이 개념은, 통치자가 피통치자에게 재분배하는 목적이 더 많이 수탈하기 위한 것임을, 통치자는 '분명히 알아야[明]' 하지만 피통치자는 '전혀 몰라야[微]' 한다는 것이다.

• **자연**自然 현재 '자연'은 '자연환경'이나 '자연보호'라는 용례에서 드러나는 것처럼 인간을 둘러싸고 있는 환경을 가리키는 명사다. 그러나 노자 철학에서 '자연'은 명사가 아니라 술어다. 그래서 '스스로'나 '저절로'라는 뜻의 '자自'와 '그렇다'는 뜻의 '연然'이 합쳐진 자연이란 말은 '(타율적으로 그런 것이 아니라) 스스로 그렇다'는 뜻이나 아니면 '저절로 그렇다'는 의미를 가지고 있다.

• **소국과민**小國寡民 '소국과민'은 글자 그대로 '작은 국가와 적은 민중들'을 의미한다. 이것은 '사람들이 자율적으로 모여 사는 작은 공동체'를 가리키는 것이라고 오해되고 있지만, 사실 노자에게 이 '작은 공동체'는 통치자가 강제적으로 만든 것이다. 통치자는 '소국과민'으로 표현되는 작은 행정구역을 만들었던 것이다.

• **성심**成心 장자 철학의 핵심 용어다. 이 개념은 '이루어진 마음'으로 번역할 수 있다. 삶을 영위하면서 얻게 되는 선입견이나 관성 같은 마음을 의미한다. 이 개념에서 중요한 것은 장자가 성심을 부정하지는 않았다는 점이다. 그의 논점이 새로운 사태나 타자를 만났을 때 성심을 계속 판단의 기준으로 유지해서는 안 된다고 생각했기 때문이다.

• **허심**虛心 허심은 '비운 마음'을 의미한다. 새로운 사태나 타자를 만났을 때, 그것과 소통하기 위해서 성심成心을 제거한 마음 상태를 가리킨다. 그러나 이렇게 마음을 비운 까닭은 새로운 사태나 타자를 마음에 잘 담기 위한 것임을 잊어서는 안 된다. 오직 마음을 비우는 것을 목적으로 삼는 어떤 신비적인 주장을 장자는 한 번도 내세운 적이 없다.

• **양행**兩行 양행은 글자 그대로 '두 방향으로 동시에 진행함'을 의미한다. 우선 첫째 방향은 마음을 비운다는 자기 수양이란 내면을 향한 방향이다. 그리고 둘째 방향은 일체의 선입견을 버린 마음으로 타자의 결에 따라 자신을 맞추려는 외면을 향한 방향이라고 할 수 있다. 양행을 통해서 장자는 마음을 비워야 하는 목적이 자연이나 어떤 신비한 도道와 합일하기 위한 것이 결코 아니라, 타자와 잘 소통하기 위한 것이라는 점을 명확히 하고 있다.

• **인시**因是 인시는 '이것에 따른다'는 의미를 가지고 있다. 여기서 '이것'이란 타자의 결을 의미한다. 예를 들어 포정이란 백정이 소를 해부하는 경우를 생각해보자. 그는 아무 데나 칼을 대서는 소를 해부할 수도 없을 뿐만 아니라, 나아가 그의 칼마저도 힘줄이나 뼈에 걸려 날이 빠지게 될 것이다. 그러나 그가 소의 결에 따라 칼을 대면 소는 스스로 분해되는 것처럼 해부될 것이고 나아가 그의 칼도 마치 새 칼처럼 날카로움을 그대로 유지하게 될 것이다. 이 점에서 인시란 양행의 두 방향 중, 외면의 타자와 잘 소통하려는 의지를 반영하고 있는 개념이라고 할 수 있다.

• **도추**道樞 도추는 '도의 지도리', 즉 '도가 출입할 수 있는 문의 회전축'을 의

미한다. 장자는 '도란 우리가 걸어 다녀서 이루어진 것'이라고 이해한다. 이 점에서 장자에게 있어 도란 타자와 소통하면서 이루어지는 것이라고 할 수 있다. 그러나 타자와 소통하기 위해서 우리는 선입견이란 완고한 정신을 비워내야만 한다. 이것은 뻑뻑한 문을 수리하여 원활하게 회전하는 문으로 만드는 작업에 비유할 수 있다. 그래서 장자는 선입견이 없는 마음을 '도의 지도리'라고 표현했던 것이다.

깊이 읽기

❖ 《노자》, 《장자》 번역서

• 이석명, 《백서노자》 – 청계, 2003

이석명의 《백서노자》는 필자가 백서본이라고 말한 것을 저본底本으로 해서 번역한 책이다. 이 책의 최대 미덕은 백서본, 곽점본, 왕필본을 원문 그대로 실어서 꼼꼼하게 비교·대조했다는 점이다. 그래서 일반 독자뿐만 아니라 전문 연구자도 이 책에서 도움을 많이 받을 수 있다. 또한 수많은 주석가들의 다양한 해석 방법 가운데 중요한 것을 필요에 따라 적절히 인용했기 때문에, 이 책을 보면서 일반 독자도 간접적으로나마 지금까지 《노자》가 중국에서 어떻게 이해되어왔는지 엿볼 수 있다.

• 오강남, 《장자》 – 현암사, 1999

일반 독자에게 권하는 《장자》 번역서는 지금 캐나다에서 종교학 교수로 활동하는 오강남의 번역서다. 이 책은 〈내편〉을 위주로 번역했다. 그러나 많은 학자가 모두 《장자》의 〈내편〉, 〈외편〉, 〈잡편〉 가운데 오직 〈내편〉이 장자의 사상을 그나마 온전히 전달한다고 인정하기 때문에, 이 번역서만 보아도 장자 사상의 매력을 충분히 느낄 수 있다. 이 책의 장점은 최근의 인문학적 성과와 기존의 연구를 적절히 이용하여 장자 철학이 지닌 현대적 의미를 매우 흥미롭고 재미있게 소개했다는 것이다. 우화나 에피소드 위주로 이루어져 있는 《장자》의 문체적 특징 때문에 《장자》 책은 문학적 소양을 갖춘 사람이 읽기 쉽게 번역하는 것이 중요하다. 이런 면에서 이 책은 일반인이 보기에 가장 좋은 번역서라고 할 수 있다.

❖ 노자와 장자 사상에 대한 연구서

• 강신주, 《노자 : 국가의 발견과 제국의 형이상학》 - 태학사, 2004

이 저서는 노자의 주장이 무엇인지 식별하고, 다음으로 그 정당화의 논리를 분석한 것이다. 노자는 통치자의 변덕에 노출되어 있는 통치술이 아니라 일관된 '국가 기능의 논리'를 발견한 인물이다. 따라서 단순히 노자를 통치술의 달인으로 볼 수는 없다. 노자는 자신의 논리를 기초로 국가 기구의 원활한 수탈 작용을 위한 재분배의 불가피성을 '주장'했으며, 이 점을 '도道'와 '명名'으로 직조된 거대한 형이상학으로 '정당화'했다. 이 책의 저자는 노자의 주장과 그 정당화의 논리를 비판적으로 진단하면서 노자 철학의 가능성과 한계를 철학적으로 명료히 하려고 노력했다.

• 강신주, 《장자 : 타자와의 소통과 주체의 변형》 - 태학사, 2003

이 책에서 저자는 장자의 철학적 사유의 핵심 테마인 타자와 소통하기 위해서는 주체가 스스로 변형되어야 한다는 점, 반대로 주체가 다른 것으로 변형되기 위해서도 반드시 타자와 소통해야 한다는 점을 분명히 밝혔다. 장자가 허심虛心, 즉 선입견을 비운 마음을 강조했다 하더라도, 장자의 최종 전언은 단순히 여기에 그치는 것이 아니다. 왜냐하면 마음을 비우는 것은 장자 철학의 최종 목적이 아니라, 타자와 소통하기 위한 중요한 수단에 지나지 않기 때문이다.

❖ 노자와 장자를 이해하는 데 필요한 문헌

• 마키아벨리, 강정인 등 옮김, 《로마사 논고》 - 한길사, 2003

이 책은 마키아벨리의 유명한 저서 《군주론》에 가려 있지만, 필자가 보았을 때 《군주론》보다 더 풍부한 시사점을 제공한다. 특히 로마 제국의 성공과 실패에 대한 그의 철학적 통찰은 아무리 강조해도 지나치지 않을 정도로 중요하다. 필자가 이 책에서 많은 시사점과 통찰을 얻었던 것처럼, 국가와 제국에 대해 숙고하려 한 노자의 정치 철학을 이해하려는 독자도 이 책에서 많은 것을 얻으리라 확신한다.

• 이정우, 《주름, 갈래, 울림 : 라이프니츠와 철학》 - 거름, 2001

이 책은 노자의 형이상학 구조를 이해하는 데 많은 도움이 된다. 노자의 형이상학과 라이프니츠^{Leibniz}의 그것은 구조적으로 유사하기 때문이다. 이정우의 책은 단순한 라이프니츠 연구서가 아니라, 라이프니츠가 자신의 형이상학을 스스로 간단하게 요약했던 《모나드론^{Monadology}》에 대한 친절한 주석서이기도 하다. 우리가 친숙하게 알고 있는 많은 사례들을 통해서 라이프니츠의 형이상학을 친절하게 설명하고 있기 때문에, 노자의 형이상학을 이해하는 데도 많은 도움을 주리라 생각한다.

• 김형효, 《노장老莊 사상의 해체적 독법》 - 청계, 1999

김형효는 서양 철학뿐만 아니라 동양 철학에도 일가견이 있는 우리나라에 몇 안 되는 학자다. 김형효의 노자와 장자 철학에 대한 연구서는 이 점에서 폭넓은 비교철학적 안목을 잘 보여준다. 특히 이 연구서에서는 프랑스의 현대 철학자 데리다^{J. Derrida}의 해체론에 근거해 노자와 장자를 현대적 감각에서 재해석하려고 했다. 저자의 섬세함과 창의력이 매우 돋보이는 책이므로 일반 독자도 흥미진진하게 읽을 수 있을 것이다. 또한 장자와 관련된 비교철학적 주장이나 국내 연구 경향을 확인하려는 독자는 김형효의 연구서를 꼭 읽어둘 필요가 있다.

• 가라타니 고진, 송태욱 옮김, 《탐구 1》 - 새물결, 1998

장자는 타자와의 소통을 꿈꾼 위대한 철학자다. 장자의 문제의식을 명확히 알기 위해서, 타자와의 소통이 왜 문제가 되는지를 미리 이해해 둘 필요가 있다. 이 책을 지은 가라타니 고진은 현대 일본이 낳은 최고의 지성이다. 이 책에서 그는 철학이나 문학에서 타자가 왜 문제가 되는지, 그리고 역대의 위대한 사상가들이 타자라는 문제를 어떻게 해결하려고 했는지를 잘 설명하고 있다. 그를 통해서 우리는 장자에 조금 더 가까이 접근할 수 있는 기회를 잡을 수 있을 것이다. 나아가 가라타니 고진과 장자가 타자와 소통할 수 있는 가능성을 어떻게 생각하고 있는지를 비교한다는 것 자체가 무척 흥미진진한 도전일 것이다.

EPILOGUE 5

찾아보기

莊子 & 老子

인류의 지성사를 이끌어온
100인의 지식인 마을 주민들